[英国]温斯顿·弗莱彻 著　张罗 陆赟 译

广告

牛津通识读本·

Advertising

A Very Short Introduction

译林出版社

图书在版编目（CIP）数据
广告／（英）弗莱彻（Fletcher, W.）著；张罗，陆赟译．—南京：
译林出版社，2014.2（2021.11重印）
（牛津通识读本）
书名原文：Advertising: a very short introduction
ISBN 978-7-5447-4524-6

I.①广… II.①弗… ②张… ③陆… III.①广告学
IV.①F713.80

中国版本图书馆 CIP 数据核字（2013）第 278433 号

广告［英国］温斯顿·弗莱彻／著　张　罗　陆　赟／译

责任编辑　於　梅
责任印制　董　虎

原文出版　Oxford University Press, 2010
出版发行　译林出版社
地　　址　南京市湖南路 1 号 A 楼
邮　　箱　yilin@yilin.com
网　　址　www.yilin.com
市场热线　025-86633278
排　　版　南京展望文化发展有限公司
印　　刷　江苏凤凰通达印刷有限公司
开　　本　635 毫米 × 889 毫米　1/16
印　　张　18
插　　页　4
版　　次　2014 年 2 月第 1 版
印　　次　2021 年 11 月第 7 次印刷
书　　号　ISBN 978-7-5447-4524-6
定　　价　39.00 元

序言

刘林清

初冬时节，阅读书稿，回顾往事，感慨良多。我从事广告学研究和教学已经整整31年，我的第一本专著《中国广告学》已经出版了25年。在忙忙碌碌与冥思苦想中写过多本广告学的教材，在思路整理、结构安排、学术观点表达方面都有着太多的遗憾，总感到没有真正具备学者的严谨治学精神。但是，当我读到译林出版社的这本《广告》译著的时候，眼前一亮，心头一震！原来，有关广告的学术写作也可以既深刻，又通俗。本书是对广告学知识深入浅出的推广和普及，澄清了对于广告的神话和误解。我谨向作者、译者和编辑表示诚挚的敬意！这本书围绕着广告回答了九个问题，巧妙生动地回答了广告是什么。

广告学最早创建于美国。19世纪后半叶，美国经济迅速发展。广告在美国的经济中发挥着举足轻重的作用。经济的发展为广告学的产生创造了客观条件。1866年，J.劳沃德和C.哈特编著了《路牌广告史》；1874年，H.辛普森编著了《广告的历史》。虽然，这些书籍均未形成广告学的专著，但他们对广告的演进进行了系统的研究。由于广告史也是广告学研究的一部分，所以可以说他们是广告学的先驱。从19世纪末到20世纪初，资本主义从自由竞争过渡到垄断阶段。为了适应资本谋取最大经济效益的需要，美国一些经济学家开始对垄断经济条件下市场变化的规律进行科学的研究，并于1912年推出市场学。广告营销是市场学的重要组成部分。随着市场学研究的逐步深入，广告学逐渐从市场学中分化出来，形成一门独立的学科。1926年哈洛德的《广告文稿》出版，1928年威治米斯的《广告构图》问世。其他国家的学者也相继开始对广告进行系统的研究，如1914年日本早稻田大学创建了广告研究会，并开设广告学课程。广告学的研究内容由过去仅仅是对市场营销中的广告策略和广告设计的单项研究，扩展为对广告经营、制作、心理、历史和管理的综合研究。到20世纪30年代，形成了现代意义上完整的广告学科体系。

中国对广告学的研究起步并不晚。北京大学新闻系在1918年开设了广告学课程。1946年，吴铁声等人编写了30万字的《广告学》专著。之后，中华书局还出版了冯鸿鑫编著的《广告学》。但是，由于当时广告学的研究处于起步阶段，对社会经济活动影响不大。20世纪80年代，各类广告学术著作如雨后春笋，纷纷问世。1981年，潘大钧、张庶平编写了《广告知识与技巧》；1982年，唐忠朴、贾斌合著了《实用广告学》；1988年我编著的《中国广告学》在人民日报出版社出版。同年，国家工商行政管理局和中国广告协会联合编纂了集中国广告之大成的百万字巨著《中国广告年鉴》。其后，每年都有《中国广告年鉴》面世。2003年，中国广告学术委员会组织知名专家和学者编写了当代广告学专业系列教材，一套十本，在中南大学出版社出版。2006年，中国传媒大学编写的广告学专业系列教材增加了新媒体广告研究的内容。数百所大专院校开设广告专业，中国传媒大学还有专设的广告学院。2011年由原人事部和国家工商总局设立了助理广告师和广告师考试，系列教材也随之出版。

我国的广告学研究已经形成完整的学科体系。广告学科的构成分为广告基础理论、广告营销研究、广告设计研究和广告监管研究四个部分。

广告基础理论研究是运用经济学、社会学、哲学、逻辑学等基本理论观点对广告的定义、地位、作用、历史和广告行业结构等课题进行的系统研究，揭示出了最一般的规律和最深刻的本质。它是建立一门完整学科的基础。正如本书的第一章（广告行为做些什么？）和第二章（广告业由哪几个部分构成？）所讲述的。

广告营销理论研究是对企业运用广告保持和开拓市场活动规律的研究。广告营销是市场营销组合的组成部分。它包括广告环境调查、广告费用预算、广告规划和策划，广告效果研究、广告市场策略、广告心理研究等内容。现在许多广告学的著作都偏重于对广告营销的研究。本书的讲述重点也在于此，比如第三章（广告投放者：付钱的人）、第四章（媒体：为广告投放者说好话）、第五章（创意代理：发起新的广告宣传）、第六章（媒体代理：花费客户的资金）和第七章（调查，调查，调查）。

广告设计理论研究是对广告设计和制作的方法与技巧的研究，其中包括广告文稿的撰写、各类广告媒介的原理和特点、广告设计的构图和色彩原理等。全书九章都涉及此项内容。

广告监管理论研究是对于国家的行政手段和法律手段监督、检查、控制和指导之下的广告活动运行秩序的科学研究。广告管理的依据是《中华人民共和国广告法》。本书的第八章（好的，坏的，丑陋的）概述了英国的广告管理。

本书着重介绍了经典的广告创意。广告艺术作为一门独立的艺术，有别于其他艺术的审美特性。其特点之一就是广告艺术所表现出的高度的逼真性。广告艺术所表现的商品形态，与其他艺术相比较，更加接近于客观现实的本来面目，更加准确地反映了商品的外观和本质。

纯艺术的表现手法是非常丰富的。例如，绘画中有现代派、印象派、抽象派之分。它们巧妙地利用人们的视觉特性，满足人们的审美欲望。有的画面朦胧、变形，有的构图抽象、晦涩。这些艺术手法在广告中却难以施展，因为它违背了广告艺术逼真性的特点。

广告艺术是对多种艺术表现形式的综合运用。它最大限度地吸收了电影、电视、广播、绘画、语言、文学、音乐、舞蹈、戏剧、曲艺等各种艺术手段和技巧。这种吸收不是简单地拼凑，而是经过改造，在适合于广告宣传内容的基础上兼收并蓄，使广告宣传具有艺术的魅力。

对于多种艺术形式的汲取和改造，形成了广告艺术所包容的文稿广告创意、电视广告创意、摄影广告创意、广播广告创意、橱窗广告创意等艺术创作门类。

广告的策划、设计和制作等是一个多层次、多环节协同配合的过程。这就决定了广告是一种集体创作的艺术。具有不同艺术专长和经营专长的人员共同努力，才能完成广告创意的任务。所以，正如书中所述，广告作品是集体智慧的结晶。

本书篇幅虽小，不过十万字，却是面面俱到。我向读者推荐此书。

2013年11月23日

目录

前言

广告业充斥着神话与误解。在常人眼中，广告行为影响巨大但铺张浪费，在推动经济繁荣的同时却又在道德方面受到质疑。人们对于广告行为的历史起源和现代运作都不甚了解。和普通公众一样，在广告业内部（这个行业本身就是个神话），许多这样的神话和误解同样广为流传。本书作者熟知广告业务，他纠正并澄清了人们对广告业的普遍误解。

第一章

广告行为做些什么？

什么是广告行为？

和许多日常用语（比如艺术、爱情和正义）一样，广告行为很难被准确界定。首先，广告行为不同于广告：广告行为是一个过程，而广告则是这一过程的终端产品，但这两个词经常被互换使用。其次（或许这一点更为重要），虽然公众使用“广告行为”一词来指代所有宣传活动，但在广告业内部，这个词只用于特指（尽管混用的情况依然存在）。

在本书中，我将使用行业内部的定义。在行业内部，广告行为只是众多市场营销手段的一种。通常没有被算作广告行为的其他营销手段包括：包装、促销（减价、买一送一、竞拍等）、商品目录、橱窗和店内宣传、影视节目中的品牌植入、商业电子邮件、服饰及其他产品上的品牌名、公共关系（媒体对品牌的提及）、商业网站和博客，以及电话销售。所有这些（以及许多其他手段）都属于市场营销手段，通常被用于增加商品销量。但在广告业内部，这些手段根据定义并不属于广告，也不算广告行为。

那么广告究竟是什么？尽管有点含糊，我们不妨对广告做如下界定：

> 广告是一种付费交流活动，其目的在于提供信息，并且/或者游说一个或多个人。

让我们来看看这一定义中的关键词。

首先："**付费**"。严格说来，不付费的广告并不是广告。如果不涉及成本，那么虽然相关交流是很好的宣传活动，并且具有游说性质，但它并不能算作广告行为，除非这是一则有意以免费形式发放的广告（比如为了慈善事业或类似的活动）。

其次："**交流**"。每个广告都试图在发送者和接受者之间搭建桥梁。这种搭桥行为就是一种交流。购买报纸的一整版，但留空不作，这样的行为不是广告。不管是使用文字或图片，或是两者兼具，广告必须传递某种讯息给受众。

第三："**目的**"。我们随后（尤其是在第七章）将看到，并非所有的广告都"能够"达到预期目的。即使某则广告没有取得预期效果，这一事实并不会改变它作为广告的性质。意图才是最重要的。

第四："**提供信息，并且/或者游说**"。许多人，尤其是那些对广告行为持敌视态度的批评者，试图区分**信息型**广告和**游说型**广告。前者被认为可以接受并且符合需要，而后者被认为接受度较低，或者完全无法接受。事实上，根本无法划定信息和游说之间的界限。广告投放者放在广告中的所有信息都意图达到游说的目的（除非法律规定必须包括某些信息）。

但是由于广告行为的游说作用具有争议，因此更合适的说法还是所有广告都意图"**提供信息，并且/或者游说**"。不过，一则不打算进行游说的广告很难算是广告。

最后："**一个或多个人**"。所有广告都以人为对象。有时广告只针对一个人（“**棒棒糖：做我的情人，我也将永远做你的情人。肌肉男**”），有时广告针对无数人（“**欧莱雅：因为你值得拥有**”）。当公众想到广告行为时，他们想到的几乎总是在大众媒体上进行宣传的大众广告行为，在本书中我们将重点关注此类广告。但是，小型的分类广告也是一个规模巨大的广告分支，尤其是在平面媒体和互联网上，因此不能忘记这类广告。在英国及其他许多国家，平面媒体超过40%的广告收入来自分类广告，不过现在在世界范围内，随着互联网抢走了传统媒体的许多客户，这一数字正在下降。

弄清上述定义非常重要，因为本书不会涉及许多被普遍认为是广告的行为。本书将重点放在大众消费者在大众媒体（如电视、报纸、杂志、海报、电台、电影和互联网）上投放的广告，即大多数人在大多数情况下认为是广告的那些行为。

广告行为做些什么？

另一个看起来很简单并且已经老掉牙的问题：很显然每个人都知道广告行为意图销售产品——那是它的目的所在，不是吗？但真的这么简单吗？那个“**肌肉男**”的例子说明了什么？他试图向“**棒棒糖**”兜售什么东西？当慈善组织通过广告来募集资金的时候，它们在兜售什么？当政府通过广告来敦促人们停止吸烟，或者停止酒后驾车，或者鼓励人们献血的时候，它们在兜售什么？当军队，或者英国的全国医疗服务体系，或者其他任何机构，通过广告来招募人员的时候，它们在兜售什么？在上述每个例子中，广告都试图“**提供信息，并且/或者游说**”他人，所以它们都在我们的定义范围之内。但它们真的是在**兜售**东西吗？

广告

图1 他们在兜售什么？

这引向了广告行为的一个基本特征，许多人觉得这一特征难以把握。广告行为并不是一种同质实体。（这解释了为何难以对广告行为进行精确界定。）它涵盖了大量不同的交流方式，并且具有不同的目标。大多数广告的确以销售产品和服务为目的。但并非所有广告都是如此。即使那些以销售为目的的广告，它们达到目的的手段也是多种多样的。广告就像万花筒里的众多碎片。整体上，它们呈现出一个统一模式，但事实上，每个广告都可能与其他广告截然不同。

每个广告从业人员都已经习惯听到外行人提问："究竟是什么造就了成功的广告宣传？有效广告行为的秘密是什么？"或者类似的问题。这类问题暗示，存在某种"金钥匙"，广告投放者可以借助这样的"金钥匙"来揭开成功广告的秘密。但事实上这样的"金钥匙"并不存在，并且"究竟是什么造就了成功的广告宣传？"这一问题并不是只有唯一的答案。（尽管这样发问的人总想提出他们自己的答案，这也是他们发问的首要原因。）

永远不可能有"金钥匙"，因为即使是那些想要销售产品的广告也是通过各种各样的方式来达到目的的，并且有着各种各样的直接目标。有十种常见的目标，不同的广告投放者在不同的时候为不同的产品和品牌选择不同的目标（我们将在第三章仔细区分"产品"与"品牌"）。下列目标并不全面，也不可能做到全面，因为广告投放者总在设立新的目标。广告宣传可能试图做到：

- 推出全新的品牌；
- 在已有品牌下推出新产品，即采取一种"品牌延伸"策略；
- 对现有品牌进行改进；
- 让那些之前没有听过某个品牌的人对该品牌有所了解；

- 游说那些知道某个品牌但从未购买的人尝试购买该品牌；
- 游说之前使用过某个品牌的人再度尝试该品牌；
- 游说正在使用某个品牌的人更多地使用该品牌；
- 游说正在使用某个品牌的人换种方式使用该品牌；
- 游说另一个目标市场（比如更年轻或者更有钱的人群）来使用该品牌；
- 游说零售商储备该品牌产品，以方便人们购买。

这些迥异的目标需要不同的讯息，因而需要采取各种不同的广告策略。

许多教材认为，在开展宣传攻势之前，精确并详尽界定广告宣传活动的目标至关重要。它们认为，试图向所有人销售所有产品，总会遭到失败。

的确，精确并详尽界定任何广告宣传的目标至关重要，但是一场宣传活动完全可以有多个目标，只要不同的目标相互兼容，并且不会彼此矛盾。事实上，近来的研究显示，大多数成功的广告宣传平均具有约2.5个相互重合的目标。例如，“在富裕的潜在客户群体中培养对于一个高档新品牌的品牌意识，他们只能从顶级零售商那里购买到该产品”。这个特定目标包括至少四个子目标：（1）在富裕的客户群体中；（2）培养品牌意识；（3）一个高档品牌；（4）只能从顶级零售商那里购买。所有这些目标对于达到该品牌的最终促销目的都至关重要。

广告策略

每个广告宣传活动的目标都会在一份关键文件中详细列明，通常这样的文件被称为**广告策略**。这是新的广告宣传活动的关键方案，我们将会在本书中时常回到这一方案。不同的广告投放者及他们的代理机构给这一做法起了不同的名字，但它的目的总是不变的：界定广告宣传活动的目标，并且确保广告宣传所涉及的每个人都确切知道这些目标是什么。这将确保他们（其中许多人是拿着高薪的创意人员）不会浪费时间构思无关的或者不符合要求的创意。

为达到这些目的，广告策略将包括许多条块，这些条块必须在广告宣传工作开始之前完成。它们将精确界定广告宣传活动的详细方案。它们将包括宣传活动的目标；能够确证目标可行性的品牌相关信息；品牌的竞争对手，包括他们的广告行为和市场营销活动的详细情况；所有相关市场调研情况的总结（比如，消费者为何使用该品牌，或者为何不使用）；宣传活动必须传递的讯息，以及讯息传递过程中必须使用的语气；宣传活动可能采用的媒体；可用于广告筹备和媒体宣传的预算；广告筹备和媒体宣传的时间长度；对宣传活动起到重要影响的其他细节；最后，尤其重要的是，宣传所针对的**目标市场**。

许多重要的部分将在随后的各章中进行详细讨论。但鉴于其重要性，让我们从最后一项开始：**目标市场**。

什么是目标市场？

广告宣传活动的两个最重要因素分别是品牌自身（即广告所宣传的产品或服务）和潜在购买者（即目标市场）。你或许认为前者远比后者来得重要，毫无疑问，在过去的那些年里人们普遍持这一看法。但现在这两个因素被认为处于共生状态：品牌和它的目标市场紧密联系在一起。

为什么会这样？有三个因素。首先，每个领域中的产品和服务日益多样化，这意味着最大的、最流行的品牌也只被全部人口中的少数人所使用。即使是像乐购这样的大型连锁超市所拥有的客户人数通常也只占到英国总人口的约三分之一。因此，广告投放者需要找出他们所能找到的关于广告目标人群的一切信息。其次，市场调研的发展使广告投放者得以比过去更精确地了解它们的潜在客户。再次，现在的媒体受众是如此分化，为了选择能以最具成本实效的方式接触受众的媒体，确认具体的目标市场非常重要。

图2 即使是像乐购这样的大型连锁超市所拥有的客户人数通常也只占到英国总人口的约三分之一

过去，在诸如《世界新闻》之类的报纸上（1948年，《世界新闻》的销量达到创历史纪录的800万份/周），或者诸如独立电视台之类的电视频道上所投放的广告，其受众人数能够超过英国总人口的50%，但这样的日子早已过去。（如今，即使是像电视之类的大众媒体，不同的人群在每天的不同时段收看不同的频道和不同的节目：中午时间在繁忙的商务人士不可能收看的频道投放针对他们的广告，这样的广告行为毫无意义。）

这三个因素造成的结果是，产品和服务不再针对全部人口来设计和制定。它们针对特定的目标市场：明确界定的人群，无论大小。这是品牌和目标市场共生的基础。

LATE LONDON EDITION

NEWS OF THE WORLD

SUNDAY, APRIL 4, 1948

GEN. CLAY CHALLENGES RUSSIANS IN BERLIN

Call To Remove Armed Sentries From Rail H.Q.: Protest Ignored

AS TRUMAN SIGNS AID CARGOES GET UNDER WAY

U.S. AIR ARMADA FOR ALASKA

THE CHANCELLOR'S SECRET.

Police Probe In Dead Jockey Case

Expert Evidence May Be Called At Inquest

GUARD ON A JUDGE'S HOUSE

M.P. Knocked Out In Street And Robbed

Full Inquiry Into 'Starving Boy' Case

The Killer They Cannot Hang

Saved From Scaffold By Self-Inflicted Injury

'What A Day!' Says Trainer Of 25-1 Winner

图3 1948年，《世界新闻》的销量达到创历史纪录的800万份/周

为了分析和理解目标市场，所有的主要广告投放者现在都在进行根据特定需求专门设计的大规模市场调查。此外，还有大规模的联合调查可供利用，这些调查持续进行，任何人都可以通过合约方式获得调查数据。其中，最重要的数据是**目标群体指数**（TGI）。目标群体指数于1969年在英国启动，现在已经

发展成为一个全球性的调查，在坎塔尔市场调查公司（世界最大的市场调查公司之一WPP集团的分支）的主持下在超过50个国家里进行。

目前，目标群体指数调查每年在这些国家进行超过70万次访谈，它涉及五百多个领域内的四千多个品牌。该调查会确认这些品牌使用者详尽的个人信息，包括年龄、阶级、性别、婚姻状况、工作状况、教育、居住情况、媒体消费以及社会活动。但目标群体指数提供的讯息不止这些。它分析每个品牌的使用频率：该品牌的消费者究竟是经常使用该品牌（“高频使用者”），还是不经常使用（“低频使用者”）？它分析消费者对250个问题的观点和态度，这些问题涵盖健康、假期、财政、环境和许多其他主题，将宝贵的心理和个性数据与品牌使用情况关联在一起。目标群体指数收集并提供所有此类数据，因为它知道这些是广告投放者、媒体和代理机构（它自己的目标市场）所需要的信息，以便能尽可能地了解**他们的**目标市场。

目标群体指数提供的数据帮助广告投放者和它们的代理机构确认潜在的最有可能成为它们销售来源的消费者：目标市场。但它同时也揭示目标市场对于品牌的态度。消费者想从品牌那里得到什么？不想得到什么？这再次反映了品牌和目标市场的共生关系。品牌存在的目的就是要为它的目标市场提供对方所需要的产品和服务。因此，让我们来看看消费者想从品牌那里得到什么。

消费者想从品牌那里得到什么？信息或形象？

还有一个看似简单且愚蠢的问题，你已经感觉到了！人们当然希望他们所购买的产品能够有效地、可靠地兑现它们的承诺：正如消费者保护法所说，能“起到应有的效果”。

但这一期望没能完全实现。品牌和目标市场的共生关系还导致关注重点从产品的原料构成转向**最终利益**。简单来说，人们不是因为需要钻机而买钻机；他们买钻机是因为他们需要洞眼。除非你是个冶金学家，否则当你购买钻机时，它的金属配件规格对你来说无关紧要。你并不在意它的金属配件规格，你只需要一些洞眼。令人震惊的是，政策制定者时常没能领会这一关键事实。让我们来看看宠物食品包装的例子。法律规定，宠物食品制造商必须在包装上注明食品具体的成分，虽然宠物的主人们只关心最终利益：他们的宠物能享受食物并保持健康。具体的成分说明对他们来说无足轻重。

因为人与人（以及宠物与宠物）不尽相同，不同人群对于相似产品所要求的最终利益也不尽相同。因此，不同的人群构成不同的目标市场。广告宣传活动需要推销各个目标市场所需的不同的最终利益。

广告投放者当然总是希望不同的人需要不同产品，并且人们因为它们所带来的利益而购买产品。但如果你翻看任何关于19世纪广告的书（比如，莱昂纳多·德弗里斯的杰作《维多利亚广告》），你会很快发现，在那些日子里几乎所有的广告都将重点放在产品本身以及如何使用该产品上。如今，大多数广告宣传都聚焦于最终利益。产品成分和构成仅仅被用来支持产品所提供的最终利益，并使其合理化。

消费者从产品中想得到的利益不仅仅是信息和功能，这一点在一个富裕社会中尤其明显。在功能之外，消费者还想要并期待从所购买的产品那里得到心理的和情绪的最终利益。是的，他们想要产品正常运行，能“起到应有的效果”，这一点无须赘言。但他们同样想要所购产品以各种方式让他们感觉良好。用广告业的术语来说，他们希望**品牌形象**适合他们。**品牌形象**是品牌所激发的感觉和情绪所带来的光环。消费者希望所购品牌的形象能让他们更有魅力，更为年轻，更加聪明，或更加广博。他们想要所购品牌的形象让他们更富男子气概，更具女性魅力，更加健康，或让他们成为更明智的消费者，更好的父母亲，或更彰显出他们的环保意识。这些品牌形象所带来的利益对于他们的购买选择至关重要。

因此，广告宣传活动必须将这些情感利益考虑在内。我要再次强调的是，不同的目标市场有着不同的情感利益。广告策略将界定目标市场的情感需求。如今，在许多产品领域，品牌及其广告行为在满足客户的功能需求之外，还必须迎合客户的心理和情感需要。有明确的研究证据表明，"以情动人"的广告总体而言比直白的事实型广告更为有效。与钻机的例子不同，在那些品牌形象对于客户至关重要的市场，这一点尤其明显。这样的市场包括汽车、航空、酒类产品、服饰、化妆品以及碳酸饮料的市场。

与现代广告行为的研究者所认为的正好相反，这些都不是新兴产物。很显然，有史以来人们就对他们拥有并展示的产品和服饰的形象（所谓的"情感态度"）十分了解。但是，这并不等于说，我们可以抛开产品本身，制作纯粹的情感型广告。品牌的形象必须与它的功能利益相一致，反之亦然；这一点至关重要。对广告极度不满的批评者认为，巧妙的广告宣传活动能够左右公众的思维，让他们按照广告投放者的预期形成对于产品的看法。但事实并非如此。不管广告宣传多么巧妙，广告行为不可能让消费者将口感清爽的啤酒认作是重口味的，或者将甜的葡萄酒认作是没有甜味的，或者认为一个钝的钻机能钻出好的洞眼。巧妙的广告行为可以游说消费者购买该产品一次（但这样做其实很愚蠢)，但他们很快就会发现他们上当受骗了。品牌所提供的功能和形象利益(这是广告行为所必须传递的讯息)必须像七巧板的部件一样紧密联结在一起。如果各个部件没有紧密吻合，消费者就会发现该品牌存有疑问，因此无法接受，并最终导致品牌的失败。这就好比一个领袖先是将自己吹嘘成一个伟大的皇帝，随后却无法赢得战斗。

最后，在这部分必须牢牢记住广告投放者和广告行为的多样性，之前我已经强调过这一点。简单起见，上述内容大半与广告行为的产品有关：涉及商品，而不是服务。但在大多数富裕国家，服务如今已经占到国民生产总值的绝大部分。事实上，服务业的价值如今常常超过生产业。例如，英国的服务业占到经济总量的约三分之二：零售、娱乐、金融服务、旅行和旅游都是重要的行业部门，同时也是主要的广告投放者(参见第33页的表格)。在上述段落中关于商品的一切讨论也适用于服务产品。界定服务产品的目标市场(目标群体指数除了商品之外，也覆盖所有的主要服务行业)，界定服务产品的最终利益，将资讯利益和情感利益结合起来，传递理想的品牌形象——这些操作同样重要。品牌与目标市场的共生关系对于所有类型的现代广告行为来说都极其重要，不管所宣传的产品是什么。

如何作出所有这些决定?

简短而真实的回答是：费九牛二虎之力。

约翰·霍布森是20世纪英国最具思想、最有分析能力的广告从业人员之一。他于1955年创立了这个时代最成功的广告代理机构之一。霍布森说道：

在投放广告时，总是有数十种不同方法来完成工作。我们反复思考所有这些方法，随后不断测试，直至最终找到最合适的一种。

自1955年之后的数十年里，人们尝试了无数种广告宣传手段，其中一些很成功，而另一些则有所欠缺。与此同时，广告投放者已经进行了无数次市场调研。这一切都意味着，如果所有的相关信息都经过仔细研究和分析的话，可以预先排除一部分所谓的“适用于任何工作的数十种方法”。如今，研究和分析这些信息的责任由那些被称为**广告企划人员**的人来承担。

广告企划现在已经在全球范围内实行，不过这一做法直到1970年左右才出现，当时伦敦的两家广告代理机构几乎同时发展出这一设想。这两家机构是智威汤逊公司伦敦分部（美国广告业巨头智威汤逊公司在英国的分支，现在归WPP集团所有）和当时刚起步的英国代理机构博厄斯·马西米·波利特公司（创立于1968年5月）。“广告企划”这一术语出自智威汤逊公司伦敦分部，两家公司所发展的这一体系略有不同。其他代理机构随后对这一体系各自进行了细微修改，但体系的基本组成具有普遍性。

广告企划体系要求广告代理机构为每一家客户指派一名广告企划人员（对客户进行分析的调查员）。广告企划人员不同于过去的广告代理机构里那种秘密的研究人员，他们会在各项会议上代表该机构与客户进行坦率的交流。广告企划人员分析与品牌相关的所有数据，包括销售趋势、以往的研究、以往宣传活动的结果、竞争对手的活动、客户的态度等，包括了上文提及的与广告策略方案有关的所有信息。在分析所有数据之后，广告企划人员要负责构思并起草详细的广告策略：广告的目的和对象是什么？怎样实现？所有这一切先要经过同事们的同意，然后再得到客户的首肯。

现在有了充足的数据，要将这些数据转化为有效的广告策略并不简单。广告企划人员需要具备高超的电脑使用技巧，并具备相应的技术、经验和洞察力，对大量调研信息进行分析，从这些信息中得出几个关键性的结论，并推断出广告宣传活动必须传递的讯息和广告的目标市场。简单并且老掉牙的结论和目标毫无用处。如果广告企划人员的结论只是该品牌比竞争对手更好，因此广告宣传要说服公众相信这一事实，那么由此所完成的广告宣传很可能变得空洞无物。企划人员必须具备更为敏锐的观察力，并且对信息进行更为深入的发掘。该品牌在功能和情感方面的优点和缺点是什么？在哪些方面该品牌比它的竞争对手更好（或更差）？怎样才能以有说服力的方式将这些讯息传递给受众？哪个或哪些目标市场必须被说服？应该陈述哪些理由（包括理性和情感两个方面）来游说对方？优秀的广告企划人员在数据基础上建立起详尽的架构，让广告策略在那些实施人员眼中变得鼓舞人心、令人兴奋。（毫不奇怪，最优秀的广告企划人员如今都拿着高薪，其中女性占了很大比重。）只有在这一步完成后，代理机构的创意团队和媒体专家才开始他们的工作，准备实施广告宣传。

广告企划人员的下一个任务更为艰巨。一旦广告策略的草案被接受并实施，广告企划人员要负责确保宣传活动的结果达到策略所规定的目标。但是，现在讨论这一过程为时尚早：我们将在第七章来探讨它究竟如何操作。

首先，我们现在必须对广告行为的历史进行一些基本调查，来说明这一行为如何以及为何发展成如今的方式。这是一个复杂而又罕见的产业，分成多个部分。要想理解广告行为如何运作，就必须明白这一产业为什么如此四分五裂，并界定各个部分的功用。

第二章

广告业由哪几个部分构成？

回顾过去

和许多人一样，你或许也以为广告行为直到近代才出现，或许只有一两百年的历史，并且你会以为广告源自美国。但这两个想法都是错误的。

具有广告功能的商店标志早在约6000年前就已经出现，在古罗马和整个古代世界，这样的标志已经普遍使用。但我们现在所说的商业广告行为，其发明权要归属于古典时期的雅典人。在雅典，街头公告员因为他们动听的嗓音和清晰的解释而受命在街头向民众宣讲重要的政府公告；在宣讲过程中，他们间或插入付费广告（就像现在电视节目当中插播广告的做法一样）。雅典早期的化妆师埃斯可里普陀雇用街头公告员，通过出色的专业口号来宣传他的化妆品。

> 为了闪亮的眼睛，为了朝霞般的脸颊，
> 为了青春流逝后继续貌美如花，
> 为了女人心知肚明的价格实惠，
> 快抢购吧，埃斯可里普陀有化妆用品。

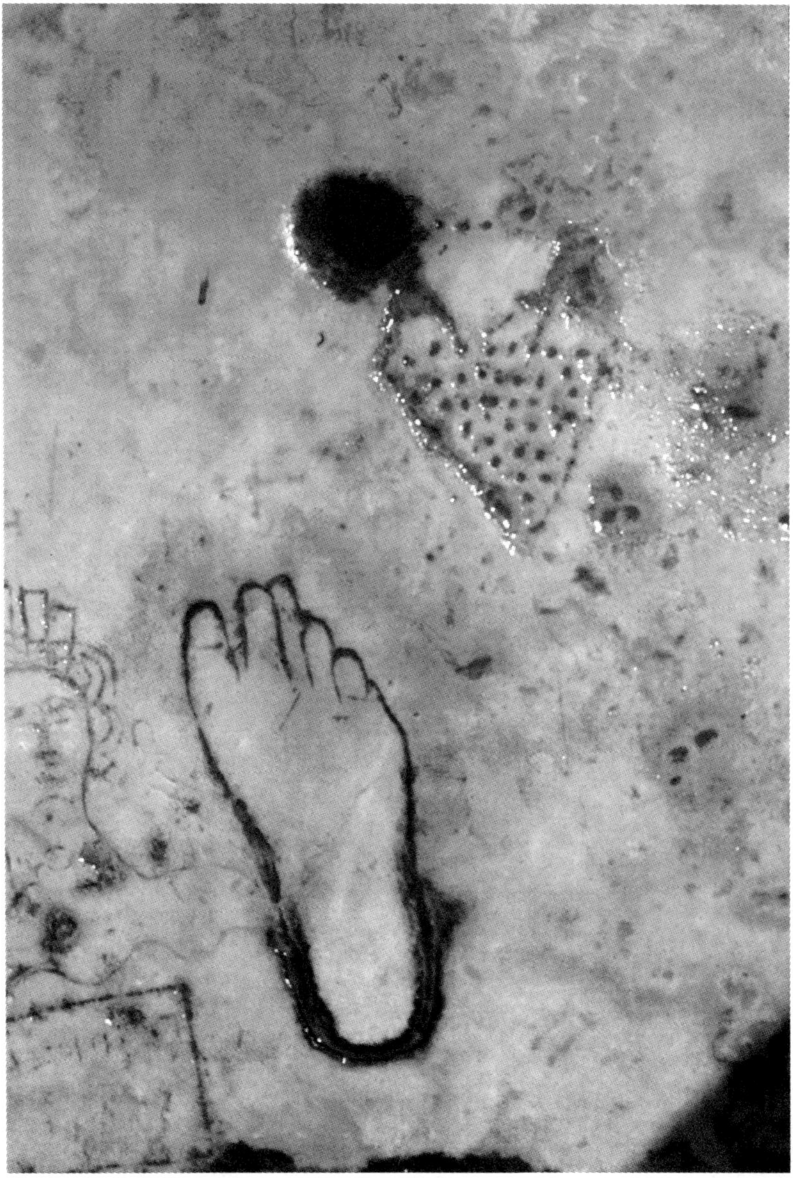

图4 一份古罗马的妓院广告

这首广告顺口溜（它当初很可能是唱出来的）就像是昨天才刚由伦敦或纽约某位拿高薪的广告词作者创作完成的。

套用雅典人的做法，广告行为在古罗马、赫库兰尼姆和庞贝兴盛起来。在一度被火山灰掩埋的庞贝古城，如今依然可见雕刻在石头上的妓院广告。由此可见，世界上最古老的两大职业从一开始就走到了一起。

在罗马帝国衰亡后的“黑暗时代”，广告行为似乎一度消失了。到了13世纪，它又在英国和法国重新出现，还是由街头公告员进行宣唱的老套路。谷登堡于1450年前后在德国发明印刷机，平面广告随即出现。目前所知最早的英文平面广告出现于1477年，由威廉·卡克斯顿印制，他在几年前刚将印刷术带到英国。到17世纪初，广告行为已经极为普遍。1712年，英国政府开始对报纸上的每份广告征收一先令（相当可观的一笔钱）的税额。但这笔税并没有遏制广告行为的增长。1759年，伟大的词典编撰者塞缪尔·约翰逊博士这样写道：“现在广告的数量如此之多，人们只是漫不经心地加以浏览。”直到今天，许多人依然持这一观点，只不过他们不知道几个世纪前约翰逊就已经这样说过。

直到1853年，英国政府才废除了从1712年起开始征收的报纸广告税。到1853年，每年被征税的报纸广告还不到200万条。与此同时，数量惊人的广告出现在一些“非法”出版物上（这些出版物没有被列入征税范围），加上一些合法和非法的海报和大型户外广告牌，还有一些宣传单（当人们走在街上时，这些宣传单会被塞到他们手中），以及无数新鲜的进行广告宣传的点子（许多想法古怪可笑，例如有一家公司发明了一种方法，将广告用枪射入人们的花园里）。毫不奇怪，人们开始抱怨广告数量过多，有待管制，这样的抱怨一直延续至今。但期盼中的广告管制并没有出现。

图5 1759年，伟大的词典编撰者塞缪尔·约翰逊博士这样写道："现在广告的数量如此之多，人们只是漫不经心地加以浏览。"

最初的广告完全是文本，没有插图，通常由商人亲自撰写。

但到了18世纪末，专业从事广告词写作的文案人员开始出现，同时广告也配上了插图。制作这些文字和插图的人员称他们自己为“广告代理”，因为他们不仅为广告配上文字和插图，而且还为媒体充当销售代理，向商人兜售广告空间。英国（同时也是世界上）的首位广告代理商基本可以肯定是威廉·泰勒，他于1786年在一份广告中将自己的服务称为广告代理。（时常有人认为，美国人沃尔内·B.帕尔默于1842年在费城建立了首家广告代理机构，但泰勒在伦敦的业务比他早了半个多世纪。）伟大的散文家查尔斯·兰姆是一位早期的广告词自由撰稿人。在19世纪初，兰姆曾为他的朋友，广告代理商詹姆斯·怀特撰写广告词来挣点外快。

由此，英国广告业的三方架构（后来传播到全世界）在当时已经确立：广告投放者负责购买广告所需的空间；媒体负责销售空间；代理机构起到中间人作用，代理媒体销售空间，同时又为广告投放者制作广告。

广告行为的三方架构

“广告业并不存在。”我的前任老板曾经这样开玩笑。或许你以为他是在玩双关语，暗指广告从业人员不够勤奋，但他并不是这个意思：和所有的行业一样，有些人员勤奋工作，有些人则并不勤奋。他的意思是，不存在所谓的“广告业”这样一个实体。人们所说的“广告业”，实际上是由不同的公司和专业操作所组成的杂乱无章的混合体，它可以被粗略划分为三个部门，通常这些部门被称为“广告行为的三方架构”。虽然这么多年来也有人曾经尝试过其他组织广告行为的方式，但现在在全世界范围内“广告行为的三方架构”已经是广告业的基础，并且被认为是最好的、最有效的组织广告宣传活动的方式。

和19世纪一样，现在广告行为的三方架构分别是：广告投放者、媒体和广告代理机构。让我们依次来看这几个部分。

首先，广告投放者：零售商、生产商、金融公司、慈善机构、政府、像“**肌肉男**”那样的求爱者，以及无数类似的人或机构。它们为所有的广告行为买单，但投放广告并不是它们的主要活动。对于它们来说，广告是达到目的的手段。我们之前已经看到，广告只是众多市场营销手段中的一种。对于许多公司来说，广告是它们主要的营销手段，为此它们投入数量惊人的资金。这些公司中有许多是向公众兜售大量知名品牌的广告投放者，所宣传的品牌包括：可口可乐、索尼、欧莱雅、丰田、乐购、英国航空以及数以万计的其他品牌。因为它们的目标市场很大，它们会使用大众媒体来进行宣传，而在大众媒体上投放广告代价不菲。但对于其他广告投放者来说，广告行为只占它们市场营销组合策略中很小的一部分。这些广告投放者通常只针对规模较小的、严格界定的目标市场。这一群体中的广告投放者包括以其他商业机构（而不是公众）为销售对象的商业机构、以具有特定爱好的人群（他们阅读相关的专业杂志，访问专业网站）为销售对象的商业机构、以范围较小的人群（如高龄人士、超级富翁、特殊宠物的拥有者）为销售对象的商业机构，以及以居住在广告投放者业务范围内的某个特定区域的居民为销售对象的商业机构。

无论规模是大是小，广告投放者是广告业的驱动力。它们负责付钱，掌控整个过程，并且想要看到结果。但是几乎没有哪个为广告投放者工作的员工会认为他们是在“广告业”工作。他们的所属行业可能是碳酸饮料（可口可乐）、电子产品（索尼）、化妆品（欧莱雅）、汽车（丰田）、零售业（乐购）或旅行（英国航空）。在上述每个大型商业机构里，都有人全职，或几乎全职在负责公司的广告业务。但几个月后或几年后，这些人就可能被调到公司内的另一个部门。或许，广告业务在某段时间内是他们职务的关键组成部分，但这并不是他们的职业。他们并不认为他们自己属于“广告业”。

三方架构中的第二部分（媒体）也同样如此。媒体，尤其是电视、印刷品、海报、电台、电影和互联网，播放或出版广告以换取广告投放者的资金。如今，广告投放者所花费的资金中，近90%用于媒体。过去，媒体占到85%，剩下的15%付给广告代理，作为固定的佣金。现在，固定比例的佣金制度已经几乎废除。媒体和代理各自收到的资金比例取决于谈判的结果，但总体上，代理机构拿到10%，而不是15%，而媒体则得到剩余资金。

电视、电台、电影和海报几乎包揽了所有的展示广告。平面媒体和互联网则既有展示广告，也有分类广告。这是一个重要区别。首先，平面媒体约40%的广告收入来自分类广告（虽然现在其中的相当部分正转向互联网，后者如今是分类广告的关键媒介）。其次，更为重要的是，要想理解广告行为如何运作，就必须明白分类广告和展示广告的不同工作原理。简单来说，有两种广告：人们寻找的广告（分类广告）和找人的广告（展示广告）。展示广告总是侵扰性的，因为它们必须吸引那些原本对它们的讯息不感兴趣的人。分类广告则没有侵扰性，因为它们依赖于人们的浏览，人们有意识地从中寻找讯息。

电视、电台、海报和电影作为媒体，不适合分类广告（虽然“电视节目中的文字讯息”是分类广告的一个分支）。这也解释了为何电视在20世纪50年代的出现并没有如许多人预测的那样消灭平面媒体：来自分类广告的收入支撑着平面媒体。同样，由于互联网作为搜索媒介的功能极其强大，因此到了21世纪它已经对平面媒体造成了极大威胁，后者本可以从分类广告中获得不菲的收入。

如果没有来自广告的大量收入，大多数大众媒体都无法生存。唯一的例外是公共服务媒体，如BBC，它们完全由政府资金支持，在全世界范围内由政府通过各种方式支付资金。这些得到政府资金支持的媒体只占到全世界媒体的很小一部分。虽然如此，那些依赖广告收入的媒体（占媒体的绝大多数）同样并不认为它们是“广告业”的一部分。它们将自己看作新闻、信息和娱乐活动的传播者。它们播放广告来补贴资金，从而可以提供廉价甚至免费的媒体服务。在大多数媒体中，对于广告业务和编辑操作有着严格区分，这种区分受到了编辑人员（很可能也包括公众）的欢迎。因此，尽管广告投放者和媒体在广告行为三方架构中属于最大的两个部分，但它们都没有将广告业视为“它们的行业”。

三方架构中的第三方是完成广告宣传活动的部分：广告代理机构。广告代理机构制作广告，并代表客户在拟投放广告的媒体上购买时间和空间。代理机构在三方架构中规模最小，但却是唯一依赖广告为生的部分。大多数人在谈论那些“在广告业”工作的人员时，想到的是这个部分。当然，不同于那些为广告投放者或媒体工作的人，每个在代理机构工作的人员会说，他们在广告业工作。英国广告代理机构的员工人数约为两万人。远少于广告投放者或媒体的员工人数。每个国家的比例情况都是如此。

在20世纪70年代之前，广告代理机构的业务范围不仅限于制作广告和代表客户购买媒体的广告位置。它们几乎帮客户处理市场营销的所有方面。它们当时的员工人数远多于现在，因为它们做许多不同的工作，因此被称作“全能”代理。但在20世纪70年代，情况完全改变。

全能代理的消亡

正如它们的名称所示，从一开始，广告代理就从媒体那里收取佣金，作为拉来业务的回报。但佣金的水平变化不定，并且价格竞争激烈。很难吸引广告的出版物可能会支付高达30%的佣金；而那些在更稳定的环境下运营的代理机构可能只能拿到2%或3%的佣金。在1914年之前，R.F.怀特代理公司负责所有的英国政府广告，它拿到的佣金只有2%。但最常见的佣金比例在15%左右。

20世纪上半叶，15%的佣金水平几乎在所有国家都成为广告代理拿到的固定比率。作为拿到高额佣金的条件，媒体要求广告代理充当法定代理人，广告代理不仅要向媒体支付费用，还要对此承担法律责任，即使在客户没有付款的情况下。广告代理被禁止将任何部分佣金退还给客户，并且广告代理要负责制作和向媒体交付客户所需的广告。广告代理只有得到媒体承认，并且答应媒体的相应条款才能拿到15%的佣金。在实践中，15%的佣金体系是一种固定价格的统一机制。虽然算不上背后伤人并且也不是非法操作，但整个体系在一定意义上是一种文雅的阴谋，各环节联合起来敲诈广告投放者。在大多数国家里，这一体系在半个多世纪的时间里被当作一种准则，塑造并影响了广告代理（以及整个广告业）的架构，直到20世纪70年代为止。

由于媒体禁止广告代理返还部分佣金给客户，它们无法压价展开竞争，因此只能通过向客户提供更多辅助服务（当然还有大量娱乐活动）来压倒竞争对手。到20世纪20年代，创意服务和媒体购买服务已经作为广告代理的核心业务被普遍接受。但广告代理随后开始向客户提供大量附加服务，这些服务本质上并不算广告行为（虽然大多数属于市场营销）。因此，“得到认可”的代理机构变成了（而且它们喜欢被当作）“全能”代理，它们提供客户可能需要的全部市场营销服务。

虽然任何一家代理都不太可能同时提供所有服务，但整体上当时的广告代理机构能够提供下列服务：

- 直邮营销
- 门对门分发
- 家庭经济顾问
- 店内销售
- 市场调查
- 新产品开发
- 包装设计
- 海报位置检查
- 产品样品分发
- 公共关系和媒体关系
- 销售会议组织
- 促销
- 展销会

得到认可的代理机构以折扣价向客户提供上述服务和其他服务：广告代理将这些服务视为吸引客户的手段，不惜亏本销售，想借助这些服务留住客户的业务，其意图不在于增加额外利润。这一切之所以能实现，是因为代理机构已经靠15%的佣金获取了丰厚利润，这笔佣金不但足以支付广告制作和媒体购买的成本，而且还为额外的市场营销服务提供了资金补助。但这一切并不能持久。两个新的发展趋势打破了舒适的传统体系。

首先，原本在代理机构工作、负责提供上述市场营销服务的顶尖专业人员脱离了代理机构，建立起他们自己的专业化公司。从长期看，这是最根本性的冲击。在广告代理机构内部，广告专业人员总觉得比市场营销人员高一等，看不起后者；他们以为自己才是代理机构的支柱。但是，随着新的市场营销形式日渐壮大，那些擅长市场营销的专业人员离开代理机构，去开创他们自己的事业。很快，许多客户就被他们吸引过去。广告代理无法与专业人员竞争，因为它们为吸引客户，长期提供折价服务，因此客户不愿意支付更多的金钱。尤其当客户得知能够提供这些服务的最优秀的专业人员已经离开代理机构去组建自己的公司时，他们更不愿意加价了。

与其他市场营销手段不同，媒体购买从来都不是用来吸引客户的亏本折价服务。媒体购买一直以来都是代理机构的核心服务。然而，和市场营销人员一样，那些负责媒体购买的人员在代理机构里同样觉得低人一等，他们遭到广告创意人员的歧视，收入也不如后者。他们不喜欢这样的待遇。媒体购买也日渐成为庞大的业务，复杂且高度专业化。因此到了20世纪80年代，最优秀的媒体购买者从“全能”代理中脱离出来，组建了自己的专业公司。许多客户在经过一番犹豫之后，也追随他们而去。

其次，与此同时，各国政府（尤其是英国和欧洲大陆国家）开始觉得15%的传统固定比率佣金制带有反竞争性质，因而无法接受。1976年，英国的公平交易办公室作出裁定，宣布媒体所采用的代理机构认可制和15%的佣金制限制了交易，因而是非法的。固定佣金制迅即瓦解，“全能”代理机构也随之瓦解，各个组成部分拆成独立的机构。如今，“全能”代理几乎所有的功能都由专业公司来完成。广告代理机构基本只负责进行广告创意和制作，因此时常被称为“创意代理”。那些专门负责策划和购买媒体广告的专业人员被称为“媒体代理”。这两种代理都得到“企划人员”的支持，后者帮助他们完成各自的任务。但即便是企划人员也是高度专业化的。

说来矛盾，在那些为小型广告投放者服务的小型代理机构中，这些变化并不彻底。许多小型代理机构现在依旧提供“全能服务”，因为它们只有依靠向客户提供大量服务才能维持赢利，而它们的客户也不愿意向专业公司支付高额费用。

与此同时，在广告领域出现了新的怪兽：市场营销服务企业集团。这些集团通常都是庞然大物，都是国际控股公司。它们拥有“创意代理”和“媒体代理”，还有无数其他类型的市场营销公司，比如市场调查、公共关系、包装设计、会议组织、市场咨询等等，遍及全世界。它们将不同的专业人员分别安排到不同的下属公司。目前最大的六家控股公司（每家公司在全球范围内都雇用了几万名员工）是：奥姆尼康（美国）、WPP（英国）、Interpublic（美国）、阳狮（法国）、电通（日本）和哈瓦斯（法国）。这些公司时常被称为“广告代理”。这完全是一个用词错误。广告仅仅是它们的无数分支所提供的众多市场营销服务中的一种，而且现在广告基本不是它们最主要的业务。

数码革命

或许创意代理与媒体代理的分离将广告行为的三方架构进

一步细分为四方架构：广告投放者、媒体、创意代理和媒体代理。但是当这些变化还没完全被接受的时候，在20世纪末，一股新的活力进入广告业，那就是数码广告，尤其是互联网广告。

在全世界，互联网迅速成为主要的广告媒介。全球范围内的互联网广告支出从2002年的90亿美元攀升到2011年的约700亿美元。这给创意代理和媒体代理都带来了新的机遇，但同时也带来了新的麻烦。互联网广告的制作方式和互联网空间的购买方式都不同于以往创意代理和媒体代理的运作。广告代理和客户以两种相反的方式作出回应。一方面，他们建立了高度专业化的新的数码代理；另一方面，许多现有的创意代理和媒体代理建立了数码“部门”，通常以子公司的形式来处理客户的数码广告需求。

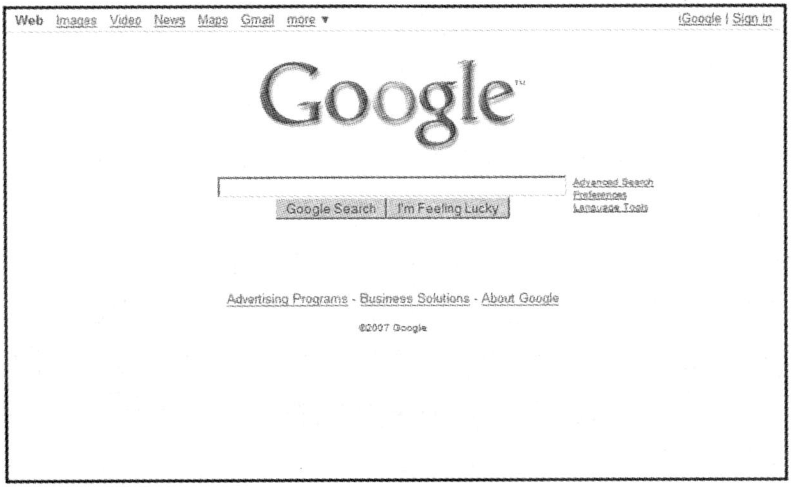

图6 全球范围内的互联网广告从2002年的90亿美元攀升到2011年的约700亿美元

数码广告应该完全交给独立的专业机构处理，还是由现有代理的内部分支（数码广告以这种方式更容易和现有代理相结合）来处理更好？对此尚无定论。

原有的15%佣金制和认可制度在整个广告过程中给予了媒体过大的权力。尽管代理机构是受广告投放者指派来处理广告，但是它们只有在得到媒体"认可"之后才能开展业务。它们不得不面对两种方式，同时对广告投放者和媒体负责。如今，各种类型的代理机构由广告投放者直接付费。广告投放者商谈它们的费用，一般总是基于代理机构的时间成本，由代理机构的员工所完成的时间表来决定。费用商谈过程现在越来越多地由广告投放者的购买部门来处理：广告和市场营销服务的购买和其他商品一样。上文已经提及，总体上代理机构的费用占到广告投放者总支出的10%，相比过去的15%，节省了三分之一。但必须记住，广告投放者从其他独立的专业机构那里购买所有其他的市场营销服务。总体而言，它们这样做不太可能节省资金。

大型的市场营销企业集团（如WPP和奥姆尼康）竭力向客户兜售它们所提供的各种服务。但客户很少会接受这样的提议。它们情愿分别选择和指定它们的市场营销服务供应商。客户还要求不同的供应商通力协作，做到广告宣传活动的实效最大化。有时会产生误解，相互独立的不同公司之间无法合作顺畅。但整个活动的主控者毫无疑问是广告投放者，它们提供资金，并督促工作。因此，我们现在必须转向广告投放者，对它们自身以及它们的运作方式进行详尽分析。

第三章
广告投放者：付钱的人

广告投放者为何要投放广告？

任何广告投放者所作出的第一个同时也是最重要的决定是……投放广告。许多人认为大公司别无选择，必须做广告。这显然是错误的。许多世界性的大公司，尤其是钢铁制造和造船等重工企业，从来不做广告，或者做得很少，可以忽略不计。它们通常不必与公众交流，因为它们的关键客户人数很少，因此可以直接接触他们。另外一些大型公司（最知名的例子莫过于谷歌）通过其他方式让公众记住它们的企业名称和业务，最常见的是通过"口碑"推荐的方式。现在这种方式也常被称为"病毒式营销"。当某个企业新近创立并且具有新闻价值的时候，病毒式营销往往最容易成功：2009年，甚至连谷歌公司也不得不使用传统媒体进行广告宣传。（同样，维京公司在早期基本没有进行广告宣传，但现在在广告方面花费巨大。）

其他企业不做广告宣传企业自身，因为没有必要，但它们会对产品进行宣传。电影公司和图书出版社就是很好的例子。除了个别例外情况，公众不知道也不关心某部特定的电影由哪家电影公司出品，或者某本特定的图书由哪家出版社出版：他们只想知道电影或图书的内容，以及相关的作者、明星和电影导演。

而且，大多数公众认为，或许你自己也这样认为，他们很少受到广告影响。因此，如果一些公司没做广告也能成功，并且大多数人认为他们不受广告影响，那么为什么广告投放者还要进行广告宣传呢？

做广告需要花钱，没有企业喜欢花钱，除非它不得不这样做。上述段落提到的企业知道它们不需要花钱用于广告宣传，所以它们就不做广告。那些做广告的企业占到全部企业的绝大多数，它们认为，进行广告宣传非常重要。它们认为（事实上，它们确信）从广告中获得的利益超过成本，通常利润非常可观。那么，哪些企业会做广告？第33页列举了英国广告花费最高的12个行业。

虽然各国之间存在差异，这份列表在各个经济发达国家几乎一致，原因也是一样。这些行业的目标市场相当巨大，它们相信广告是沟通目标市场的最具实效的方式。尽管广告成本不菲，它们依然认为广告是游说目标市场购买产品的最廉价方式。这些信念看起来很乐观，它们的基础是什么？

如果你读过许多关于广告行为的资料，你很可能见过下面这条格言：

> 我知道我花在广告上的资金有一半被浪费掉了，但我无法知道究竟是哪一半。

在英国，这条格言的首创者通常被认为是莱弗尔姆勋爵一世，他是联合利华公司的创始人；在美国，首创者被认为是伟大的零售商萨姆·沃纳梅克。

行业	广告花费 （单位：百万英镑）
零售企业	2,257
金融公司	1,427
娱乐、媒体和休闲	1,290
快速消费品	1,086
技术产品	874
汽车	794
化妆品	679
旅行和旅游	663
医药	404
政府和公共事业	357
教育和慈善	328
电器和家庭日常用品	140

事实上，没有证据表明两人曾说过这句话。或许这句话只是将1916年阿道夫·S.科赫说过的话变化了一番，科赫是当时《纽约时报》的出版商。这句格言听起来很高深，耐人寻味，这也解释了为何它能流传近一个世纪。但事实上，你稍加思索就会发现，这句话毫无意义。它意味着什么？电视广告的前半部分有效，而后半部分无效？不同的广告就这样交替出现有效/无效/有效/无效……？每块户外大型广告牌的左半边有效，而右半边无效？这个说法经不起推敲。但是，这句格言的确暗示了广告行为的一个关键方面，人们对这个方面知之甚少。

让我们回到“金钥匙”的概念，所谓“金钥匙”就是使某些广告行为成功而另一些（缺少关键的“金钥匙”）失败的关键。或者正如格言所说：有些广告行为纯属浪费人力财力，而另一些广告行为则物有所值。潜在的假设是，广告行为是一个包括两部分的游戏：成功的广告行为和失败的广告行为。这一观点广为流传，并非只有公众持有这一看法。那些在广告业工作的人（无论他们为广告投放者、媒体还是为广告代理工作）几乎普遍接受这一看法。但这一说法实在是太简单了。广告行为并不是包括两个部分的游戏：广告行为是彩虹，或者至少是棱镜光谱。

这样来想吧。你想卖掉一辆旧自行车。于是你成了广告投放者，在互联网上或者在当地报纸的分类广告栏发布了一条广告。你可能从潜在的购买者那里得到了一份报价，或者两份，十份，甚至多于二十份，或者也可能是这之间的任何数字。当然，你也可能没有购买者，在这种情况下你可以说，广告绝对失败了，虽然也有可能失败的并不是广告本身。许多人可能对广告感兴趣，但他们却不喜欢广告中提及的自行车的若干细节：颜色、把手或者其他部分。不管哪种情况，只要有人购买，就说明广告取得了一定的成功，成功等级从最低（1）到最高（20+）。不过，很少有商业广告投放者只发布唯一的一条广告。它们发动广告宣传攻势，推出许多条广告。不可避免地，有些广告引起反响，尽管反响可能很小。即使是那些在广告业历史上众人皆知的惨败宣传，比如英国的斯特兰牌香烟广告和美国福特汽车公司推出的埃德塞尔车型广告，也还是卖出了一些香烟和汽车。因此，广告行为的结果并不是非黑即白，不能用成功/失败，或者浪费/没有浪费来简单区分。广告行为的结果是一个范围。

而且，对于广告投放者来说，关键问题不仅仅是广告行为是否带来任何销售。关键问题是：销售水平是否远远高于宣传活动的成本，从而能带来利润？因为这才是广告投放者进行广告宣传的原因：追求利润。

但是，这同样是一个不好回答的问题，因为广告行为所带来的是两种销售（广告投放者也总是希望这样），即当前销售和长期销售。广告投放者希望能很快挣回它们花费在广告宣传活动

图7 广告业历史上最为知名的宣传惨败之一

上的资金，而且还能建设长期的品牌。广告投放者不仅希望得到属于它们的蛋糕，还要吃掉它。因此，这就是广告投放者为什么要投放广告的最终答案：迅速实现利润（不同的广告投放者实现利润的速度各不相同），并且在未来能继续赢利。要想实现这些目标并不简单，更不用说对此进行测量。

英国广告从业者协会广告实效奖

最近几十年里，随着商业领域内的金融分析技术变得更为复杂，对于广告投放者来说，财务责任变得更为重要。为广告投放者工作的顶尖的财务总监在各自的公司变得日渐强势；而且，在20世纪70年代，一个新名词“成本实效性”开始走红。主要广告投放者的财务总监希望公司的广告开支能够做到具有成本实效性，能在公司的资产负债表上体现出利润。

针对广告投放者的需求，到了20世纪70年代晚期，英国的一部分顶尖广告代理研究人员和企划人员在西蒙·布罗德本特的带领下，意识到广告代理机构必须立即应对挑战，证明它们的广告行为能够做到具有成本实效性。布罗德本特以优等成绩毕业于牛津大学，后在伦敦大学获得博士学位，毕业后一直在芝加哥工作。他知道美国的广告行为评估相比英国取得了更多进展。1961年，美国的全国广告投放者协会（是广告投放者，而不是广告代理机构）出版了一份影响深远的小册子，名为《界定用于测量广告行为结果的广告目标》（简称DAGMAR方法）。DAGMAR方法现在依然定期更新和再版，它清楚地界定了测量广告行为实效性的步骤，强调提前规定测量标准和拟采用的评估手段非常重要。时至今日，这些准则依然有效。DAGMAR出版后不久，美国市场营销协会于1969年起开始评选艾菲奖。艾菲奖的设立是为了表彰那些**证明**了自身成本实效性的广告宣传活动。

从美国回到英国，布罗德本特当然对DAGMAR方法和艾菲奖知之甚详。他认为，英国需要一个属于自己的广告实效性奖项。布罗德本特天生是个学术型的商业顾问，而不是擅长与文字和图像打交道的广告人，因此他希望新奖项的规定比艾菲奖更加严格。并且他希望由广告代理机构，而不是广告投放者来运营该奖项。1980年，他说服英国广告代理机构的行业组织英国广告从业者协会推出了广告从业者协会广告实效奖。

广告从业者协会广告实效奖的得主必须展示广告宣传活动的具体销售结果，如有必要可以进行加密。参加评选的资料必须披露销售结果是如何进行了确切测量，并且执行了哪些市场调查操作来验证这些结果。（我们将在第七章对此做进一步探讨。）入选的广告代理都必须得到广告投放者的确认，后者将证实资料的准确性。评委既包括知名学术和商业人士，也包括市场调查人员和主要的广告代理机构人员。用布罗德本特的话来说，广告的创造性在评选过程中不起作用。事实上，令人惊讶的是，奖项的参赛资料中并不包括广告。

广告从业者协会奖项有四个目标：（1）说服那些怀疑者和反对者，让他们相信广告行为是有效的、可测量的；（2）说服广告投放者（尤其是它们的财务负责人），让它们明白广告代理会认真对待它们的销售和赢利状况，而不是（如人们时常怀疑的那样）沉溺于追求创造性；（3）说服广告代理，让它们明白制作具有成本实效性的广告有助于维护它们的名声；（4）鼓励宣传企划和评估中的最佳实践。在随后的30年时间里，这四大目标均已胜利完成。

从1980年起，已有超过1,000份广告宣传案例参加了广告从业者协会奖项的评选。总体上，它们建立了一个丰富的数据库，适用于不同的品牌和市场，从大到小，从全国性到地方性，从普通消费者到业内专家都能使用。获胜的以及获得推荐的400份广告宣传的资料可以从世界广告行为研究中心网站上的广告从业者协会数据库得到，网址是http:// www.warc.com，同时也可以购买纸质出版物。这些资料构成了世界上最大、最全面，也是最为权威的成功广告案例合集。广告从业者协会奖项并不能证明，**所有的**广告行为都具有成本实效性。我们之前已经看到，这不是真的，也不可能实现。但这些奖项有力地证明，精心策划的广告行为可以做到（并且通常都能做到）低成本高实效。

最后，广告从业者协会奖项的参选作品资料也表明，广告行为不仅有效，而且形式多样。本书第5—6页上列出的广告投放者的各种广告宣传目标就来自广告从业者协会奖项的参选作品资料；广告宣传活动平均约有2.5个目标，这一统计数据也来源于此。尽管广告从业者协会奖项的本意不在于此，但它们也说明了为什么我们找不到制作成功广告的“金钥匙”。这些奖项表明，虽然很少有人承认他们受到广告影响，但事实的确如此，不管他们本人是否喜欢这一点。

建设赢利品牌

虽然广告从业者协会奖项非常棒，但起初它们存在着一个严重缺陷。在头十年，入围的参赛资料都把重点放在短期的销售结果上，努力展示各自的广告行为在过去的几年时间内表现得多么优秀。但我们之前已经看到，广告投放者通常不仅要求短期结果，还想要长期结果。广告投放者想要，事实上它们也需要，广告宣传活动不仅带来直接销售，而且能够建设长期品牌。

发现这一问题的依然是西蒙·布罗德本特博士。1988年9月，他发表了一篇极具影响力的文章，在其中他这样写道：“广告从业者协会奖项应该引入一个关于长期……广告行为结果的新类别。”两年后，在1990年，一项新的广告从业者协会奖项创立。第一个获奖广告是PG Tips牌茶叶。获奖的资料名为《PG Tips35年来一直屹立于茶叶市场的巅峰》，它记录了PG公司推出的以猩猩为主角的茶叶广告。这些广告宣传通常很滑稽，并且长期播出，在广告中，黑猩猩们被赋予人类的个性和声音，欢乐地畅饮着它们手中的PG牌茶饮料。从那时起，其他成功的长期广告宣传活动也成为了广告从业者协会奖项的一部分。

对于广告投放者来说，长期销售主要体现在**品牌**建设上。品牌最早出现于维多利亚时期，当时的许多品牌在两百多年后依然存在，这毫无疑问正是一种成功的长期销售！保惠尔牌牛肉汁、吉百利牌食品、科尔曼牌户外装备、克罗斯与布莱克威尔牌食品、李派林牌食品、奥克斯欧牌食品调味品、罗恩特里牌糖果、施威普斯牌饮料、《泰晤士报》、莱特斯牌肥皂，这些都是有着两百多年历史的英国老品牌。这些品牌中，有许多从一开始就认识到进行广告宣传的重要性，早在19世纪90年代，许多品牌已经开始雇用广告代理机构。

在那十年里，皮尔斯牌肥皂每年花费10万英镑进行广告宣传，而就在十几年前的1875年，该公司的年度预算仅仅只有80英镑。作为家族企业的主席，弗朗西斯·皮尔斯宣布辞职，因为他极度担心如此巨大的广告开支将导致公司破产。事实上，当时的广告宣传建立了最知名的早期肥皂品牌之一。

那么，什么是品牌？品牌和品牌推广起初是制造商所采取的一种方法，用于帮助客户辨识并购买它们的产品，因为在过去假货盛行、质量不一的年代，它们的产品普遍质量可靠。但现在的品牌概念远比当初更为复杂。如今，品牌的定义就像世界上的品牌数量一样数不胜数。但是，所有定义都认同一点，那就是一个品牌，或者说一个成功的品牌，必须符合下列四条标准：

图8 猩猩们帮助PG Tips品牌在35年的时间里一直占据英国茶叶市场的领导地位

1） 该品牌具有独特的名称和包装，通常还有一个标志；该品牌的目标市场人群可以轻易辨识出这些内容。

2） 该品牌在目标市场人群心目中必须具有不同于相似品牌的特有品质。（这被称为它的品牌定位：这些品质界定了该品牌在市场上相对于其他品牌的位置。）

图9　一些顶尖品牌有着两百多年的历史

3）　这些品质兼具功能性与情感性：购买者将认识并感受到该品牌与其他品牌的不同之处，并且在他们的眼中，该品牌要优于其他品牌。

4） 这些感受将使得该品牌可以制定比其他没有进行品牌宣传的商品更高的价位，从而给拥有该品牌的公司带来更多利润。

品牌不需要比其他竞争对手更贵：如今，零售商的自有品牌通常更为便宜，但在它们的购买者看来却具有极大价值，这就是它们的优势所在。品牌不需要在品质上优于竞争对手：就质量而言，受欢迎的家用型汽车无法与保时捷和宾利相比，但在家用汽车的购买者看来，这些车同样具有价值，这就是它们的优势所在。

很显然，价值的概念内在于品牌概念。因为价值就像美貌一样，取决于观察者的主观判断。起到关键作用的是该品牌的现有客户和未来客户（它的目标市场）所看重的品质。这些品质与实验室里的技术人员所看重的品质并不一定相同；它们与专家和权威所强调的品质也不一定相同。真正作出选择的是目标市场人群，他们选择哪些品质重要，哪些品质他们愿意花钱购买。他们的选择决定受到产品（或服务）使用感受的影响，同时也受到广告和其他市场营销策略的影响；另外，各种媒体曝光和个人推荐也产生了一定作用。如果这些品质合在一起，带给该品牌显著且积极的声誉（即显著且积极的品牌形象，参见第12页），那么该品牌注定将大获成功。品牌的精髓在于客户感受、声誉和**形象**。这些因素是人们购买（或不购买）该品牌的原因。更重要的是，这些因素也是人们持续地购买（或不购买）该品牌的原因。

如果一个品牌的声誉和形象足够显著，那么它可能做到几十年（甚至如我们所看到的那样，几百年）的持续成功。但要做到这一切，品牌所有者必须持续对品牌进行养护，确保它能够不断地、稳定地向目标市场人群提供良好价值。在如今我们所生活的快速多变、竞争激烈的世界里，要想做到这一点不能靠偶然机遇。它需要持之不懈的努力、精心的管理，以及连续不断的品牌发展和改进。但所有这一切努力都有回报。品牌是公司取得长期成功的基石。品牌确保广告宣传所获得的利润能够持续：广告宣传活动几乎立即就能实现利润，并且带来未来的收益，这正是广告投放者在建设健康的长期品牌时所需要做到的。

关于品牌推广，再说最后一点。如今，品牌的重要性不言而喻，因此大多数广告从业人员，无论是否在代理机构工作，说起品牌来似乎整个广告行为就是宣传品牌，不仅追求短期结果，也看重长期结果。这样的说法虽然大致符合实际情况，但并非总是如此。让我们再来想想旧自行车广告的例子（本书第34页）。一旦自行车卖出去，广告的任务也就完成了。同样，相当数量的直接反应类广告通过平面媒体或电视媒体所传递的讯息当场完成销售，并不进行品牌宣传。客户对于广告作出反应，不同的客户感兴趣的广告不尽相同。进行此类广告宣传的公司如果精于业务的话，会将操作进行到底，不断提供新的报价。但它们也许不会或者不想建立品牌。它们没有必要这么做。

这是另一个鲜活的例子，说明广告行为是多么不同和多样化。但是，在广袤的广告天空中，像这样不进行品牌宣传的广告投放者仅仅占到微不足道的一小部分。品牌才是群星和银河，它们在整个广告天空中闪烁着各自的光芒。

第四章
媒体：为广告投放者说好话

媒体序列

我们现在来看广告行为三方架构的第二部分：刊登广告的媒体。首先，我们还是要仔细界定**媒体**，因为近来“媒体”一词已经成为行业术语，时常被误用和错用。在过去的一百年时间里，媒体的数量和类型急剧增长。一大批全新的媒体已经出现，而传统的媒体则开始分化，在内部进一步划分，从而以目标更加明确的方式为特定的客户群体服务。随着互联网和数字化的到来，广告媒体领域整体处于大幅度的震荡波动状态。自21世纪初以来，全世界的媒体一直在变化。所有人都在猜测，这些变化最终将走向何方（媒体行业中的每个人都愿意猜一猜）。因此，我们在此所能做的最佳选择，就是清楚地描述当前媒体业的现状，并预测将来的可能发展方向。

英语中的media（媒体）一词，是单数形式medium的拉丁语复数形式。medium一词有几重含义，在《牛津英语词典》中，你可以找到相关定义：

> 任何介入性的物质，借助它的作用，一种力量对远处的客体施加作用，或者印象被传递到感觉器官。

这一定义几乎可以被视作对广告媒体的确切界定:“任何介入性的物质……借助它的作用,印象被传递到感觉器官。”这里所指的印象就是广告,将这些印象传递给我们的感觉器官的主要媒体包括:报纸、杂志、电视、电台、邮件、交通工具上的海报、电影和互联网。

很显然,广告投放者必须向媒体付费,以求传递它们想要的讯息。这将我们引向了广告投放者用于评判媒体实效性的三条基本标准:

1) 该媒体能接触到的广告投放者的目标市场人群数量有多少?并且,通过市场调查可以进一步了解,他们是什么样的人?

2) 使用该媒体的成本是多少?(与其他媒体相比,该媒体是性价比最高的吗?)

3) 作为广告媒体,尤其是宣传特定商品或服务的媒体,它的影响力和说服力如何?

在本章,我们将重点放在英国的媒体。但这三个问题对于全球范围内的所有广告媒体都具有重要意义。为了探讨这些问题,我们现在来分别研究英国的主要广告媒体,我们首先来看它们各自的容量大小,衡量标准是花在各个媒体上的广告费用。各个国家的相对媒体容量不尽相同,但主要媒体(常被称为广告业的“黄金媒体”)在各地都起到了重要作用。

不难发现,互联网在短短十几年的时间里已经赢得英国广告市场的巨大份额,正如它在世界上每个国家所做到的那样。互联网的大多数收益来自“搜索”广告,这类广告让你通过点击广告商提供的列表，转到相应的促销网站。互联网搜索广告行为类似于传统的分类广告，互联网所获得的大多数搜索广告原本属于报纸和杂志上的分类广告。

英国广告费用的媒体份额分布	
	占总费用的比重（%）
报刊与杂志	31%
电视	24%
电子邮件	12%
户外广告和交通工具	5%
电台	3%
电影	1%
互联网	24%
合计	100%

但是，互联网上的展示广告（横幅、弹出窗口，以及类似的其他展示广告）同样也从传统媒体那里抢来了一部分收入，虽然这种抢夺的程度远远比不上“搜索”广告那么夸张。互联网广告已经有了十多年的发展历史，即便如此，没有人能够预测最终它将占到广告业的多大份额，同样也没有人能够预言，传统媒体究竟会遭受怎样的打击。但人们普遍认为，互联网的广告增长还将持续很多年。

虽然如此，传统媒体依然拿到了超过80%的广告费用份额，因此我们将首先讨论这些媒体。

报刊与杂志

和大多数人的感觉正相反，平面媒体凭借31%的份额，依然是最大的媒体行业。花费在报刊与杂志上的资金可进一步细分。

全国性的报纸

英国有着全世界最有影响力、最多元化的全国性报刊，共有11家主要的全国性日报和同等数量的周日出版的全国性报纸。

	所占费用比重（%）
全国性报纸（包括增刊）	27%
地方性报纸（包括免费版面）	30%
消费者杂志	11%
行业和职业性期刊	9%
名录	13%
其他	10%
合计	100%

全国性日报（读者数量占英国成年人口总数的44%）

《每日快报》

《每日邮报》

《每日镜报》

《每日记录报》（苏格兰）

《每日星报》

《每日电讯报》

《金融时报》

《卫报》

《独立报》

《太阳报》

《泰晤士报》

周日出版的全国性报刊（读者数量占英国成年人口总数的48%）

《星期日独立报》

《星期日邮报》

《世界新闻报》

《人民报》

《星期日快报》

《星期日邮件报》（苏格兰）

《星期日邮政报》（苏格兰）

《星期日电讯报》

《星期日泰晤士报》

《观察家报》

这些全国性报纸为广告投放者提供了其他国家无法企及的众多选择。这些报纸在英国的销量有所差别，最多的是《世界新闻报》（3,087,000），最少的是《金融时报》（134,000）。现在，市场调查数据（例如本书第9页所提到的目标群体指数）提供了关于各份报纸读者群体的大量信息。因此，广告投放者在进行广告宣传时可以选择他们的目标市场人群所阅读的那些报纸。购买广告空间的成本大体上和报纸的销量成比例，但部分高质量的报纸，如《金融时报》、《泰晤士报》、《星期日泰晤士报》和《星期日电讯报》，可以收取更高的价格，因为对广告投放者而言，他们的读者更富裕、更具影响力。相当多的广告投放者希望他们的广告宣传能接触到富裕的、具有影响力的人群，因此他们愿意支付高额费用，以求在这些人群所阅读的报纸上刊登广告。

决定广告成本的因素还包括广告的大小、是否采用彩色印刷、广告在报纸中的位置等。大幅广告相比小幅广告成本更高，但成本并非与大小直接成正比：为了鼓励广告投放者购买更大的空间，小幅广告**按比例换算后**通常比大幅广告更加昂贵。彩色广告相比黑白广告更贵：在过去，这是因为彩色广告在印刷时成本更高；现在，印刷成本的差别并不大，价格差别主要反映了供求关系。同样，报纸在某些位置收取的广告费更高，许多广告投放者想要这些位置，因为更多读者会注意到这些位置，或者说它们的特定目标市场会注意到这些位置（例如，体育版面上的体育产品的广告）。很显然，广告的印刷成本不会随着位置产生变化，价格差异反映的只是供求关系。

有如此多的报纸可供选择，并且每份报纸都提供了很多选择，因此报纸上的广告空间买卖极为灵活，有很大的协商余地。对于广告投放者来说，作出最终选择的关键因素是**千人成本**。这一数字代表着在广告投放者的目标市场中让每一千个读者读到该广告所需的成本，无论该广告是大是小，彩色或黑白，位置在哪里。媒体购买专家将会精确计算所有可供选择的报纸达到一千名目标读者时所需的成本。随即他们可以在全部可能的选择之间进行客观的成本比较。除非有特殊情况，媒体专家将建议广告投放者选择最便宜的报纸进行广告宣传。

千人成本这一判断标准，经过适当调整后适用于全部媒体，它可以是接触每一千名读者所需的成本，也可以是接触每一千名电视观众，或电台听众，或（在使用直邮进行销售的情况下）邮件接收者所需的成本。在对不同媒体进行比较时，这一数据没什么用处：你不可能将电视广告的千人成本与杂志广告的千人成本进行合理比较，因为不同媒体的效果完全不同。但对任何单个媒体而言，千人成本是媒体购买者军火库中最强大的单兵武器。假定你将接触目标市场的成本最小化，作为广告投放者，你这样做准没错。

地区性报纸

美国和其他许多国家只有少量全国性报纸，并且它们的销量有限。在这些国家，地区性报纸作为广告媒体比起英国的同类报纸更为重要。但是，即使在英国，依然有着超过1,100份地区性报纸，并且，从上文的表格中可以发现，它们的广告数量超过了全国性报纸。这是因为，地区性报纸的读者人数在总量上占到了人口的相当大的比重。

大多数地区性广告收入来自全国性零售商和当地的广告投放者。除了零售商之外，全国性的广告投放者很少在地方性报纸上进行广告宣传。这是因为地方性报纸的千人成本远高于全国性报纸。比如说，在《布里斯托晚邮报》（地方性报纸）上刊登一整页黑白广告的千人成本相比《太阳报》（全国性报纸）高出了六倍。

	英国报纸的成人读者比重
地方性周报（免费）	44%
地方性周报（付费）	24%
地方性晨报和晚报	15%
星期日出版的地方性报纸	5%

其他地方性报纸和全国性报纸的比较结果也类似。这就是为什么在英国全国性广告投放者几乎总是使用全国性报纸，除非有特定理由需要在某个特定地区进行广告投放。

如上文所示，对不同媒体进行千人成本比较并不可靠，在某种程度上，你这样做就像是将苹果与橘子进行比较，但是你必须知道的是，互联网广告的千人成本通常要比报纸的低。这是许多广告费用从报纸转向互联网的重要原因。在英国和美国，之前强大的地区性报纸网络都遭受到来自互联网的严峻竞争威胁，就目前来看，地区性报纸的长期性未来状况无法得到保证。

消费者杂志

对于广告投放者来说，消费者杂志可以被宽泛地划分为两大类别：

- 普通兴趣和女性杂志
- 特殊兴趣和爱好类杂志

如人们所料，第一大类的杂志通常具有较高层次的读者群体，仅次于全国性报纸。

	英国杂志的成人读者比重
任何普通周刊	33%
任何普通月刊	40%
任何女性周刊	21%
任何女性月刊	35%

特殊兴趣和爱好类杂志的读者范围远比普通类杂志狭小。因此，在使用杂志进行广告宣传的主要的全国性广告投放者中，多数会选择普通类杂志，如《电台时代》（销量为1,046,726份），或女性杂志，如《良好家务》（销量为430,971份）。特殊兴趣和爱好类杂志的销量通常在5万到10万份之间。而且，尽管这些杂志的广告比重相对较低，但就像地区性报纸一样，它们的千人成本反而较高，几乎总是超过普通杂志和女性杂志。不过，对于针对特定目标群体（总人口中的少数，如钓鱼爱好者和业余摄影爱

好者）的广告投放者来说，特殊兴趣类杂志是理想的广告媒体，因此这些杂志可以将广告位置以高价卖给那些针对相对较小的特定目标市场的广告投放者。

和报纸的情况一样，杂志对于大幅广告收取的费用高于小幅广告，彩色广告的费用高于黑白广告，特定位置的广告高于次要位置的广告。例如，杂志封面或正对社论文章的页面价格就比较贵。然而，杂志相比报纸具有一个重要优势，那就是它们的流通传阅时间比报纸要长久许多（想想你有时会在牙医候诊室读到的那些古老的旧刊！）。长久的寿命意味着每本杂志比每份报纸积累了更多读者，因而杂志的读者总人数远超过它们的销售数字。来自市场调查的读者数据显示，《时尚》杂志每本有6名读者，而《高尔夫世界》达到了惊人的12.5名。没有哪份报纸能达到这么多的读者数量。由于广告投放者通常对于读者总数比对于销量数字更感兴趣，因此**每千名读者所需成本**和**每千份销量所需成本**一样，都是决定选择哪些报纸和杂志作为广告宣传载体的重要因素。

行业期刊与名录

剩下的两个主要平面媒体类别是行业期刊和名录，它们共占到平面广告费用总额的约22%，高于消费者杂志的比重，尽管后者对于主要的广告投放者来说更具吸引力。

这两个类别缺乏吸引力的原因是行业期刊、职业性期刊和产品名录都不是普通广告媒体。它们具有非常特定的角色。和特殊兴趣与爱好类杂志一样，它们是接触特定目标市场的理想媒介。因此，那些期望接触到医生、牙医、建筑师、工程师等特定人群的广告投放者大量使用行业性和职业性期刊。英国有大约

2,000本行业性和职业性期刊，几乎覆盖了你能想到的所有行业和职业领域，它们的销量通常在两万份到5万份之间。

相较之下，名录具有更高销量，甚至更多读者。在英国每年有超过3,000万人使用《电话查号簿》。但是在名录中绝大多数的广告以"列表"形式出现，列表和报纸中的分类广告类似：属于人们所寻找的广告，而不是找人的广告。因此，它们所涉及的广告技巧与展示型广告并不一样。但是，不要忘了在名录中同样有一定数量的展示型广告，其中一些来自主要的全国性广告投放者，这些广告所需要的技术和投入与其他平面媒体上的展示型广告基本一致。

我们已经结束了对于平面广告媒体的分析。现在该来看看电视了。

电视

在公众心目中，电视在全世界都是最典型的，同时也是最具影响力的广告媒体。事实上，当公众被问及他们在哪里看到过某个广告时，他们很可能回答，在电视上，即使那个广告从未在电视上出现。（这是个很好的例子，说明了人的记忆并不可靠，并且警示我们，在对市场调查的结果进行分析阐释时，必须时刻小心。）

商业电视（也就是由广告资金支持的电视节目）于20世纪30年代在美国面世，但直到1955年才在英国出现。从一开始，它就被认为具有强大的影响力，因此必须由议会通过立法来加以控制。其他媒体被允许尽情发布广告（虽然地方政府会对发布的位置进行控制），而创立英国商业电视节目的1954年法案却规定，广告的质量、时间和内容必须受到法定机构的控制。直到2003年

12月，英国的通讯传播管制局（现在负责英国商业电视的政府管理机构）才将对于电视广告**内容**的控制权转让出去。但是，通讯传播管制局依然保有对广告质量和总体时间安排的控制权。

这一政府控制举措具有重要影响，并且只限于电视，对于英国的其他媒体来说不存在类似控制。不过电视广告在世界上许多国家（美国除外）也受到同样的限制。在英国，对于每小时电视节目所包含的广告时间的限制影响到了电视广告的成本。对电视广告内容的控制则要求，所有商业电视节目在播出前必须经过审核，审核同时包括该节目的剧本形式和最终播出形式（这和其他媒体的广告不一样）。对于广告时间安排的控制使得政府可以确保为某些产品所做的宣传广告不会在不恰当的时段播出（这主要指儿童不宜的广告只有在深夜时段才能播放）。

最初，英国政府试图通过与不同的地区性公司分别签订合同来建立地区性的电视播放架构，每家公司（就像当地报纸一样）各自覆盖指定的地区。这一体系起初运作良好。但从20世纪60年代起，大量商业频道开始出现，首先是第四频道，随后是第五频道、早晨电视、天空频道和大量其他的卫星频道，由此以前那种地区性架构的界限开始变得模糊起来。如今，英国有超过600家地面电视、卫星电视和有线电视台。绝大多数电视台都针对小规模的、专业化的观众群体，但它们都覆盖全国。所有电视台必须经英国通讯传播管制局审批后才能获得电视信号播出资格，并且必须为此交纳一笔许可费用。

但是，大多数电视观众依然倾向于观看历史悠久的地面电视台。即使是在那些能同时收到地面电视和卫星电视频道的英国家庭中，依然有40%的人选择观看地面电视频道。

卫星电视用户家庭中，成人观众的频道选择	
地面电视	
BBC1台	21%
BBC2台	7%
独立电视台1台	18%
第四频道	7%
第五频道	5%
地面电视合计	58%
卫星电视	
天空电视台（全部）	4%
独立电视台，第2、3、4台	4%
BBC3台、4台	2%
其他（各自不超过1%）	32%
卫星电视台合计	42%

近几十年来出现了电视观众分化的现象，随着新频道四处涌现，这一现象在全球各地都随处可见，让广告投放者颇为担忧。广告投放者怀念过去的岁月，当时一档节目一经播出就能被绝大多数人看到。（即使在美国也是如此，虽然美国比欧洲国家的电视频道要多得多。）当时大众消费品的电视广告相比现在要相对直接，当然也更简单，而现在广告投放者需要花费一定的时间才能覆盖全部的目标市场，它们必须在多个电视频道分别针对不同观众进行广告宣传。不过，或许广告投放者对这一问题有些过度担忧，因为其他媒体上的广告行为一直以来都是面对不同观众的。而且，广告投放者从数量众多的电视转播机构之间的价格竞争中获得了可观的利益。电视节目依然是让公众了解一个新品牌或者一场新的广告宣传活动的最快捷的途径。很少有新品牌或新的宣传活动在只使用其他媒体而不利用电视的情况下，能够迅速让公众了解自己。

在所有媒体中，对电视所进行的研究最为全面。在英国，电视观众数据由英国广播电视受众研究委员会提供，这是一家由广告行业组建的公司，专门向所有感兴趣的各方机构提供有力、可靠的信息。英国广播电视受众研究委员会将收集信息的任务分包给几个研究公司。最基本的数据收集自包括5,100户家庭的样本，在所有样本家庭中，测量仪器与他们的电视机相连。这些仪器不停记录下电视是否打开、收看哪个频道、何时调台等信息。这5,100户家庭代表了约11,300名居民。此外，研究者每年还要对另外的52,500名电视观众进行访谈，他们的收视数据将与那5,100户家庭的仪器记录进行关联。仪器记录的电视收看情况以每分钟为单位公布，这些数据被连夜处理，并于次日早晨9点30分发布。

和其他媒体的情况类似，广告投放者在计算需要购买的电视广告时间时，最关心的是**每千名目标观众所需的成本**。英国广播电视受众研究委员会所设立的调查系统意味着，相比平面媒体，电视广告时间的购买在许多方面更为精确，也更为复杂，因为相比报纸读者的阅读模式，人们对于电视观众收看电视节目的方式更为了解。可以对电视观众的确切组成（可以按照年龄、性别、职业、地区、家庭构成、购买习惯和其他数据划分）进行持续分析。例如，可以整晚对电视观众的调台进行追踪分析，对于有多台电视机的家庭也可以测量各家不同的收视模式。这一切都使人们可以非常精确地找到电视节目的目标市场。于是，媒体购买者得以在千人成本的基础上准确作出评估，确定哪些节目，甚至哪些节目中的哪些间隔点，可以在最具成本实效的情况下接触目标市场。**巅峰时段**（晚上的中间时段）和**空闲时段**（傍晚时段和深夜时段，以及白天时间）的电视节目价格相差巨大，这部分差额大体反映了观众的人数多少和构成。

不过，不要就此以为这一切使得电视广告的购买只是机械操作。电视观众常常没有观看他们本该收看的节目，而电视频道之间的竞争也会让观众人数变得无法预测。尽管如此，电视时间购买或许是大众媒体广告购买中最为复杂的，在全世界范围内都是如此。

在我们转向其他媒体之前，必须破除两个神话。首先，人们普遍认为，互联网的出现导致电视观众人数下降。没有证据表明这一说法属实；恰好相反，虽然观众分化意味着每个频道的观众人数减少，但是电视节目收视的总时间（以每周的小时数计算）在持续增长，增幅虽然缓慢但很稳定。其次，人们普遍认为，视频点播的出现和遥控器的使用，导致人们在电视广告出现时换台，这不利于广告投放者。但依然没有证据表明这种说法属实。一方面视频点播使人们更多地观看电视，另一方面只有一小部分观众在广告时段调台，并且他们也只是偶尔这样做。尽管各种媒体之间的竞争日益激烈，但电视广告似乎不需要为自己的未来担忧。

次要媒体

如本书第46页上的表格所示，除互联网之外，其余媒体（直邮、电台、户外广告、交通工具和电影）一共只占到21%的广告费用份额，因此我们将只对它们作简要讨论。这并不是说，这些媒体作为广告媒介就缺乏效力。对于许多产品和许多广告市场来说，这些媒体依然具有实效性。事实上，它们的力量时常在于它们的特殊性。但它们通常缺少主要广告媒体的大众影响力，这也是它们的广告数量较少的原因。

直邮

直邮占到广告费用总额的12%，目前在英国所有广告媒体中排在第四位。（相比英国，直邮在美国占到的份额更大，主要原因是美国缺少强势的全国性日报。直邮是一种廉价的手段，可以在美国广袤的领土范围内传播广告讯息。）

在互联网出现之前，直邮是以个体形式辨识受众的唯一方法，通常是通过姓名来投递。现在它依然是最有效的"个人"媒体。这时常使它得以通过非常精确的方式与特定的目标市场进行沟通。多年来，广告投放者和专业提供直邮"列表"的公司已经建立了许多产品使用者的个性化列表。尽管一小部分公众抱怨所谓的"垃圾邮件"，但绝大多数人没有拒绝直邮，并且时常会作出回应。

这一现象已经为人所知，并且可以进行评估，直邮是**最适合测算的**媒体之一。直邮非常个性化，因此对于多数邮件的回应可以并且确实被精确量化了。由于成本和结果可以进行比较，因此那些具有成本实效性的邮件几乎可以**确保**广告投放者获得利润。除互联网之外的其他媒体都无法做到这一点。

户外广告和交通工具

大多数人或许会感到吃惊，这个分支（包括大型广告牌、海报、公共交通工具上的广告等）所占的比重如此之小，只有总费用的5%。在公众的印象中，大型户外广告牌随处可见。在许多城镇的中心地带，这的确是事实。但其他地方则很少有大型广告牌，部分原因在于当地政府对于户外广告的严格控制。

海报可以张贴在精确的位置，因此频繁地被地方性（而不是全国性）广告投放者使用。在整个广告业的发展历史中，海报给予设计者和文字作者充分的机会来展示他们的创意。人们在多年后依然记得的许多广告最初就源自户外广告牌。但自从五十多年前商业电视出现以来，户外广告被看作是一种“辅助”媒体（尽管这种看法有失公允），一种提醒人们注意的媒体，现在人们在进行新产品促销或举行新的广告宣传活动时，偶尔才使用户外广告作为主要宣传媒体。

图10 令大多数人感到意外的是，户外广告牌和海报只占到广告市场的很小份额

电台

电台也常常被视为辅助性的或起到提醒作用的媒体。作为另一种传播性媒体，电台也常常被当作“廉价版的电视”（这同

样有失公允）。这种看法是错误的，因为虽然电台广告相比电视广告要便宜许多，但两者并不具备可比性。电视本质上是一种视觉媒介：人们记住的是他们所看到的画面，并且受到这些画面效果的影响。电台在定义上就不是视觉性媒介，因此电台需要完全不同的、基于文字和声音的创意。但借助想象力，文字和声音同样能够制造极其有效的电台广告。

电台听众人数也远远少于电视观众人数，并且电台听众更加关注当地的节目。因此，电台就像海报（和电影）一样，可以为地方性广告投放者所用，并取得良好效果。

电影

电影也时常被用作辅助媒介，被当作“另一种形式的电视”。但电影的力量在于，它的观众以年轻人为主，而许多广告投放者将年轻消费者视为理性目标市场。因为电影的广告宣传通常针对年轻人，许多电影广告与电视广告完全不同，其中的连续镜头都为年轻人而设计（有时会让一些上了年纪的观众感到困惑）。

互联网

虽然互联网依然被视为新生事物，但早在1997年，互联网在英国就已经成为一种广告媒体，那一年的网络广告费用总额达到800万英镑。同年，互联网广告首次作为独立类别参加英国主要的创意奖项评比。但是，自那时起，英国以及世界其他地区的互联网发展势头令人瞠目结舌，英国的网络广告收入从1997年的800万英镑跃升至2009年的3,400万英镑，占到所有广告费用总额的24%，并且依然在快速增长。大多数在互联网进行广告宣传的产品和品牌都针对那些需要详尽信息的客户：金融、电信、电脑、旅行、汽车、工业产品和娱乐服务在互联网广告份额中排名前七位。廉价的品牌消费品只占到互联网广告的约5%。

这一现象的部分原因在于互联网已经成为主要的**交互**媒体。互联网允许（事实上鼓励）消费者通过聊天室和其他网络论坛形式对广告进行回应，因此广告投放者和客户可以进行直接对话。互联网的热心拥护者时常声称，随着广告投放者和客户建立日益亲密的关系，这种交互活动对于市场营销而言具有革命性影响。这种说法有一定道理，但是传统的零售商一直和客户保持亲密关系，毕竟客户都是亲自上门采购；而且，绝大多数客户不会通过网络对广告投放者作出回应，他们也不想这么做。

但是，网络行为和交互性在不同的社会经济群体中的表现大相径庭。因此，互联网在确定目标人群方面极为有效，可以通过不同人群的特殊兴趣和行为，并且可以在白天和晚上的不同时段来定位目标群体。例如，不同年龄、性别和阶级的人群的网络行为具有显著差异。城市中年龄在20岁至34岁之间的专业人士在工作和社会生活安排方面极度依赖网络。年龄在35岁至44岁之间的女性则正好相反，她们利用网络来管理家务，并为自己的爱好和其他兴趣服务。而且，互联网用户可以被辨识，他们的购买偏好和其他特征可以通过电脑的记忆（“网页连接信息”）与他们本人直接产生关联。这使得互联网的目标定位远比其他任何媒体都要精确。

我们现在已经对英国（同时也间接地对世界上）所有主要的广告媒体进行了讨论。尽管各个国家每种媒体的相对容量和重要性各不相同，但如我们之前所言，各种媒体的重要特性在各个国家相差不大。决定这些重要特性的因素包括各个媒体的技术特质和消费者的人性本质。这些不会发生变化。

第五章

创意代理：发起新的广告宣传

在第二章中我们已经看到，从20世纪末以来，广告代理机构变得日益专业化。在那之前，代理机构向客户提供多种不同类型的市场营销服务。从20世纪70年代开始，随着15%固定佣金制的瓦解，代理机构开始专注于提高两项核心能力：广告制作和媒体购买。这两项活动很快开始由不同的专业公司（创意代理和媒体代理）来分别执行。这一组织结构一直保留至今，因此我们将在本章和下一章中分别对这两个专业化机构进行论述，先从创意代理开始。

创意的最初步骤

许多人认为，只要告诉创意人员“我们需要为博金斯啤酒发起一场新的广告宣传活动，赶紧行动起来”，广告就能凭空产生。在得到任务后，一位创意人员将冰袋放在自己的额头上，在漆黑的房间里坐上几个小时，直到灵感出现，于是兴奋地宣告：“我想到了！广告口号就是‘再没有比博金斯啤酒更好的啤酒了！’”

不过，真相并非如此。虽然枯坐和构思基本接近于广告创意过程中的关键部分，但剩下的场景却都是幻想。原因有三。首先，如之前所言，创意人员不可能在没有书面的、详尽的广告策略的情况下开始工作，并且这一广告策略必须得到客户（也就是博金斯啤酒公司）和代理机构高层管理人员的同意。其次，创意人员如今基本不会单干，他们总是两人合作，组成文案/艺术团队。再次，在初始阶段，文案/艺术团队总是有几个想法（通常称为“**概念**”），在细化其中的一两个想法之前，会和同事先进行讨论（并且他们很少能在几个小时之内想出这些概念）。

本书一开始已经对此作了详尽介绍，广告策略文件的内容包括：广告宣传活动的目标；确证目标可行的品牌信息；该品牌的竞争对手，包括它们各自的广告和市场营销活动；对所有相关的市场调查所进行的总结（比如，为什么消费者使用该品牌，或者为什么不使用该品牌）；宣传活动必须传递的讯息，以及必须采取的语调；宣传活动中可能用到的媒体；广告制作和媒体宣传的可用预算；广告制作和媒体宣传的时间安排；其他重要的细节；还有最重要的是，宣传活动所针对的目标市场。

创意团队需要并且希望知道所有这些信息。他们需要知道将要使用的媒体，从而不会在需要电视广告的时候制作印刷广告。他们需要知道可用预算，从而不会制作无法负担的广告。他们需要知道宣传活动的准备时间有多久。他们需要知道宣传活动所针对的目标市场，从而做到心里有数，以免宣传活动针对富裕的老年人群而创意却迎合了囊中羞涩的少年人。但对他们来说，广告策略至关重要的部分是：宣传活动必须传递的讯息以及传递讯息时必须采用的语气。

广告创意人员必须学习却最难学到的是，你加入广告中的讯息只是为达到最终结果而采取的手段；这也是广告投放者必须学习的一课。广告行为的最终结果是目标市场对于讯息的理解。重要的不是你**加入**广告中的讯息，而是目标市场从广告中**得**

到的讯息。许多缺乏经验的广告投放者和创意人员认为，如果你在广告中说了某些话，人们就会照着话的意思去理解。或许是这样，但或许不是。正如日常交谈中人们很容易误解别人说的话，他们对于广告中看到和听到的讯息，更容易产生误解。他们通常很少关注广告，只知道大概；他们经常关注广告中作为无关紧要的道具而出现的次要内容；他们常常忘记广告的大部分内容，只记得吸引他们的点滴片段。因此，重要的是不要在广告中塞入太多信息，这是许多广告投放者容易犯的错误。经常出现这样的情况，人们记得广告，但不记得广告宣传的品牌。因此，广告策略中所界定的“必须传递的讯息”，一定要简明扼要，一清二楚。创意团队所提出的任何想法都必须通过这条准则的考验。

但广告中的讯息所包括的却不仅仅是文字和图像。它还包括文字和图像的使用**方式**：广告的语气、风格和个性。同样的文字用不同的语气或通过不同的字体来表达，会传递完全不同的讯息。举一个简单例子：使用同样文字的两种派对邀请函，一种采用传统的浮雕铜版字体，印在毛边厚卡片上，另一种采用诡异的、吓人的字体，用血红色印在闪光的锡箔上；两种邀请函的效果完全不同。讯息文字是一样的：请参加我的派对。但各自的语气、风格和个性预示了完全不同的事件。结果，不同的邀请函将吸引完全不同的人群，不同的目标市场——并且将吓住其他人。广告也是如此。广告的每个细节，如演员、模型、字体、设计、道具等，都会对它的语气产生影响。广告的语气必须经过精心设计以便吸引目标市场，否则讯息的有效性必然受到影响。因此，广告创意人员必须对现有风格、现有流行样式、现有方言的细微差别极其敏感。显然，他们所选择的字体、设计，甚至包括模型和道具，都属于艺术指导而不是广告文案创作者（虽然两人对此都有发言权）的职责范围；而语言则属于广告文案创作者而不是艺术指导（虽然两人对此都有发言权）的职责范围。这就是为何广告创意人员现在总是两人一起组成工作团队的原因：他们可以一起进行文字和艺术创作。

但真实情况并非总是如此。在20世纪中期之前，在全世界范围内，新广告一般都由广告文案创作者来制作，他单独工作，就像上例中所提到的为博金斯啤酒服务的那位创意人员一样。广告文案创作者的确会经历一个类似于将冰袋放在额头上的艰苦构思过程，最后他想好了广告词，或许还有大体的广告图案。他（在那个年代几乎都是“他”）随后将文字和想法交给“视觉效果实现人员”，后者的职责是将文案创作者的想法进行视觉呈现。负责进行视觉呈现的人员在另外的部门工作，往往距离文案创作者较远。负责进行视觉呈现的人员可能是排版人员，有时也可能是图像设计师。但在等级排序中，文案创作者的地位最高。负责进行视觉呈现的人员实现了广告文案创作者的想法，但那个想法依旧属于文案创作者。这一切自有一定道理，因为平面广告在当时占据了广告业的最大份额，而平面广告主要依靠文字。文字才是最重要的。

随后电视出现了。电视本质上是视觉媒体，或者说是视觉/文字媒体。电视广告在美国出现于20世纪30年代，到了40年代，美国的广告代理开始质疑广告创意中的“单一文案创作者”模式。其中一家代理机构成为使用文案/艺术团队这一创意方式的先驱。这家代理机构位于纽约，名为多伊尔·丹·伯恩巴克公司。20世纪50年代，多伊尔·丹·伯恩巴克公司迅速打响自己的名头，成为美国乃至全世界最富创意的广告代理机构。它雇用了一些美国广告业最具天赋的创意人员。在它的创造力中，文案/艺术团队形式处于核心位置，因为这一做法极大地提升了“艺术”人员的地位，现在他们的头衔是“艺术指导”。负责进行视觉呈现的人员不再是仅仅对文案人员的想法进行阐释，文案/艺术团队从一开始就一起工作。

他们的团队也不是只为电视广告服务。很快人们就发现，文案/艺术团队提升了所有媒体的创造性。随着媒体数量和类型的增加，人才的组合变得更为重要。如今，几乎所有的广告宣传活动都适用于多种媒体，从电视到店内宣传，从海报到互联网。无论采用哪种媒体，文案创作人员和艺术指导都一起构思，通力协作，每人都贡献出自己的技能和才干。由此而创作出的广告变得更好。多伊尔·丹·伯恩巴克公司的早期广告宣传，如大众汽车、以色列航空、安飞士汽车租赁公司以及其他许多品牌的广告，很快就在全球范围内为人所知。一种新型的广告就此诞生，在这种广告中，广告概念将文字和视觉效果融合在一起。广告投放者纷纷奔向多伊尔·丹·伯恩巴克公司，它的业务发展势头如烈火燎原。

一方面由于商业电视直到1955年才在英国出现，另一方面也由于英国的广告公司老板不愿意采取一种新的创意体系，他们认为这样做过于危险激进，并且代价不菲，因为新兴的“艺术指导”要求的工资远远高于以前负责进行视觉呈现的人员，因此文案/艺术团队这一创意举措直到20世纪60年代初期才跨越大西洋，发展到英国。

最早在英国采取这一措施的公司是英国广告创意的行业龙头，一家名为科莱·狄金森·皮尔斯的代理机构。科莱·狄金森·皮尔斯公司与多伊尔·丹·伯恩巴克公司有着亲密的合作关系，因此对后者的创意“团队”体系知之甚详。和之前的多伊尔·丹·伯

图11 比尔·伯恩巴克将多伊尔·丹·伯恩巴克公司纽约分部建设成为20世纪60年代世界上最富创意的广告代理机构

图12 多伊尔·丹·伯恩巴克公司制作的大众汽车广告因为它的创意，迅速在世界范围内为人所知

恩巴克公司一样，科莱·狄金森·皮尔斯公司因为其卓越的广告创意，迅速在世界范围内赢得美名。它为本森与海基思牌香烟、喜

力啤酒、哈姆雷特牌雪茄以及许多其他产品所做的广告在全世界各种创意节庆活动上赢得了多项大奖。在20世纪60年代和70年代早期，这两家代理机构主宰了世界广告创意领域。

如今，在世界上每家顶尖的广告代理机构里，几乎所有的广告创意都由文案/艺术团队来完成。通常，广告文案创作者和艺术指导两人组成长期的合作关系，他们在更换工作时也是一起跳槽，从一家代理跳到另一家。显然，和其他所有的关系一样，他们偶尔也会分手，重新选择搭档。但这样的分裂非常罕见。创意人员发现，要找到一个能够合作愉快的搭档非常困难；一旦找到，他们会努力保持合作关系。

一个创意团队需要多久才能想出一个新的广告宣传的点子？要回答这一问题，不妨先想想一根线有多长？一个点子可能马上就能想到，也可能要酝酿几个星期。一个团队究竟是只想一个点子，还是想出好几个，然后进行进一步筛选？

图13 科莱·狄金森·皮尔斯公司的喜力广告获得国际性创意大奖

对此没有统一的答案。有时，团队想出一个点子，并确信它绝对有效。更多时候，团队想出几个点子，每个点子似乎都可以经过进一步酝酿和思考来进行完善。团队随后会请其他人一起来评价各个点子。团队会和其他同事进行讨论，此时广告企划（我们在第一章的末尾谈到了这一点）将重新参与创意过程。但在我们深入了解这一过程之前，需要（事实上很有必要）先研究一下创造性和创意人员的本质，因为广告行为很大程度上取决于这两个因素。

创造性的本质

什么是创造性？相比我们之前所遇到的术语，创造性更加难以进行准确界定，虽然有许多人进行了尝试，你也可以在词典中查到许多定义。有时人们认为，尽管创造性无法界定，但它很容易辨识。这种说法就像许多其他关于创作性的说法一样，只对了一半。的确，创造性可以被辨识，但不同的人对于什么样的事物具有创意有着不同看法。我们都知道，许多人一开始拒绝承认“印象派”画作是艺术，而如今这些绘画已经被认为是艺术史上最伟大的部分作品了。音乐和文学领域同样如此。广告领域有时也会出现这种情况。

“创造”这一概念（“无”中生“有”，将新事物初次呈现于公众面前）在历史上一直吸引和困扰着人类。在整个历史长河中，人们普遍认为，创造性难以名状，它“完全是凭空产生”。有创意的点子自动闯入人们的脑海，这一过程无法预测，也无法解释。对这一过程的描述，最常见的漫画是大脑中的一盏电灯泡无缘无故突然发光。但对于创造性的这种看法实在过于简单。

首先，这种看法认为，有创意的点子可以无须经过之前的思考就自动出现。但很少有创意人员会否认，点子是长期思考的结果。当伊萨克·牛顿爵士看到苹果坠落时，他并不是一下子就发现了重力，虽然那则著名的逸事这样宣称。之前数年他一直在思考重力的本质。事实上，当被问到他如何取得科学发现时，牛顿的回答是“通过一直对这些问题进行思考”。是的，新的想法的确“毫无征兆”地闯入了具有高度创意的人员的脑海。但这些想法之所以出现，是因为创意人员一直在有意无意地追寻它们。

其次，电灯泡的形象暗示，有创意的点子完全是在头脑中形成的。但实际情况很少如此。阿尔伯特·爱因斯坦从16岁到26岁花费了至少十年时间来发展他的相对论。大多数创意需要对初始灵感进行发展和执行。巴勃罗·毕加索在画壁画杰作《格尔尼卡》时，一直在修正和更改画稿。罗伯特·韦斯伯格教授曾经对此多有著述，他将创造性界定为在本质上是**渐进发展的**。这是一种很好的思考创造性的方式。文案/艺术团队体系还有一个额外的好处，那就是团队中的两个人相互挑战并逐步改进对方的想法。

这些因素对于广告创意来说至关重要。当接到广告策略时，创意人员开始考虑（或者说，认真思考）如何传递广告宣传的讯息，他们要采取一种能抓住和吸引目标市场的方式。他们要寻找一个相关的点子，既有创意，又能达到效果，还必须是广告业之前没有使用过的点子。通常很容易找到一些与宣传活动没有关系的、有创意的、原创的想法，但这些想法与他们的任务无关。相关的点子或许很快能想到，或许要等上很久。但随后这个点子需要进一步完善，逐步从各个方面进行完善。最初的想法几乎总是需要经过锻造、塑形和打磨，尤其是当广告宣传用于不同媒体的时候。这需要时间，但广告创意人员知道，时间有限。商业广告的筹备总有时间要求。如果下周四需要进行新的广告宣传，创意团队就需要在那之前准备完毕。这其中的压力其实非常巨大。很少有人意识到，随着时间流逝而新的宣传构思还没有成形，广告创意人员所承受的精神折磨。每过去一天就意味着准备时间少了一天。但十次里有九次，或者说一百次里有九十九次，他们最终顺利完成了任务。如果他们频繁失败，就没法再继续从事广告创意工作了。

创意人员的本性

广告创意人员恶名在外，他们给人的印象是自我中心、性情多变且脾气暴躁。如果你偶尔去逛伦敦、纽约或世界上其他广告中心里那些创意人员常去的酒吧，你完全可以预料，你将听到很多关于创意人员因为广告设想而发生争斗的故事，他们相互击打，将椅子扔出老远，将电脑键盘扔出窗外。几乎所有的故事都是杜撰出来的，但它们的确反映了那些创意人员在广告从业者眼中别有魅力的形象。

同样，如果你想对社会上那些创意人员的本性和行为进行讨论，不出几分钟就一定会有人提到文森特·梵高或保罗·高更，或者同时提到两者。为什么？不是因为他们很典型，他们一点都不典型。没有其他哪个艺术家像梵高一样割掉自己的耳朵，也很少有人像高更一样远离文明社会，躲到世界的某个荒凉角落和土著人住在一起。但是，梵高和高更体现了我们对于艺术家的浪漫想象：顽固任性的家伙，自我中心，经常出现精神问题。事实完全不是这样。绝大多数艺术家以及绝大多数广告创意人员都在辛苦工作，过着相对传统的生活。

不过，具有高度创意的那些人的确和我们其他人在某些方面有所差异。近年来，心理学家（最近也包括神经学家）对这些差异进行了许多研究。研究结果表明，创意人员的确更为内向，更自负，富有实验性，不遵循常规。但是，所有的研究都表明，创意人员和其他人的差异并不显著。如果你将各类人按照顺从程度排成序列，一头是最顺从的人，另一头是最不循常规的人，创意人员平均来说趋向于不循常规。只有少数人，如梵高和高更（包括爱因斯坦，他也很古怪）处于极端位置。正如弗吉尼亚理工学院的迈克尔·巴达维教授所说：

> 创意就像身高、体重和力量。不同的人在这些方面相差很大，但每个人都有一定的身高、体重和力量。同样，我们所有人都有一定的创造性，只不过一部分人明显比其他人更有创意。

创意人员还有一个重要方面不同于其他人。创意人员极其看重他们的成果。他们希望并期盼他人能根据他们的成果而不是他们的个人行为来判断他们。心理学家安东尼·斯托尔博士对此说得很清楚：

> 工作，而不是个人，成为自尊的焦点。关心自己的著作或画作胜过关心本人，这对于那些认为必须处理好社会关系的人来说是难以理解的。但如果一本书或一幅画中所包含的不仅仅是日常生活中的作者本人，那么作者如此敏感也就不足为奇了。

这些因素对于广告创意人员有何影响？他们知道他们是谁，

并且觉得他们与其他人不一样。他们时常在高度心理压力下工作。他们对自己的成果极为看重，这意味着他们很难接受批评。总体而言，这些因素往往使他们显得很自我，性情多变，并且容易发怒。这样的行为或许不尽合理，但却可以理解，并且如果有人要想和他们一起顺利合作，就必须理解这样的行为。

管理创意人员

在20世纪70年代之前，代理机构中的创意人员都是由机构的高层管理人员通过他们的部门领导，即创意总监，来加以“管理”的。创意总监有时权力很大，但他们很少负责日常经营。这属于广告机构的所有人和创始人的职责范围。这些商人或许认同创造性的重要性，比如科莱·狄金森·皮尔斯公司的总管约翰·皮尔斯。更常见的情况是，这些商人将创意人员视为不好但又必不可少的人：创意人员很重要，但他们对自己的成果自视过高，因此养成了令人难以容忍的自我中心和反复无常的性格。这种观点从第一章所引用的约翰·霍布斯的话中可以得到反映。（对于广告创意人员所做的调查证实，他们中的大多数人都认为，是他们的成果养活了代理机构的其他人，而机构的高层管理人员却不理解这一基本事实。有一则古老的广告业笑话：“代理机构中的创意人员总是受到万千宠爱。当然，爱他们的正是他们本人。”）

由此不难想见，在广告代理机构的管理层和创意部门之间总是摩擦不断。在我加入广告业后不久，英国一家最成功的代理机构的主席公开声称，他的目标是“打破创意人员对于广告制作的束缚”。但随着电视广告的增长以及多伊尔·丹·伯恩巴克公司和科莱·狄金森·皮尔斯公司分别在美国和英国开展的创意革命，代理机构的许多权力从业务经理转到了顶尖创意人员手中。至少是两个部门平分秋色。20世纪60年代和70年代，许多代理机构，尤其是美国公司，都是由顶尖创意人员所组建的。这是一个新的现象。

显然，代理机构的管理层和刚刚获得自主权的创意部门之间的分歧必须得到化解，这也是设立广告企划的起因之一（参见第14页）。广告企划这一做法的巧妙之处在于新的广告企划人员具有双重（甚至三重）忠诚度。他们与创意人员亲密合作，并时常代表后者的利益；他们与客户助理亲密合作，并时常代表后者的利益（而且他们在代理机构内部与客户亲密合作，并时常代表后者的利益）。他们能够处理不同职位之间的明显冲突，因为他们首先与消费者和目标市场紧密合作，并且**总是**代表着消费者和目标市场的观点和愿望。随着市场调查的发展，从20世纪70年代开始，广告业开始日渐重视消费者的意见。在广告代理机构内部，广告企划人员正处于这一变化的中心。他们亲自或借助专业调查公司的帮助，实施对新创意的测试。这使得他们具有了极大的影响力。在广告业没人敢完全无视消费者和目标市场的态度。让我们回到约翰·霍布斯说过的话，对消费者关于广告意见的调查之前就已经完成了。但却是以一种对抗性的方式来完成的。代理机构的管理层检验创意人员的想法，随后带着调查结果回到创意人员那里，并告诉他们如何修改。广告企划并不这样做：创意人员参与到整个过程之中。这是向前发展的关键一步。

但是，不能认为广告企划一下子就能消除创意人员和管理层之间所有的分歧和摩擦。并非所有的广告企划人员都是出色的外交家，也不是所有的创意人员都能接受批评，即使是通过委婉的方式来表达。近期在世界范围内对创意人员的调查表明，许多人依旧质疑市场调查对他们创造性的影响。他们担心，公众拒绝那些真正具有创意的概念（比如，还是印象派的例子），因此，他们认为有必要在开展公众市场调查时保持警惕，不要盲目相信数据。这是对的。但所有的创意人员都承认，广告企划能帮助他们改善成果，至少能逐步改进。

客户管理

如果本书写作时创意代理和媒体代理尚未分家，并且广告企划还没出现，那么本章的开头部分毫无疑问应该先讨论客户经理：他们负责在客户和代理机构之间进行联络。

不同的代理机构对于那些负责与客户保持日常联系的人有不同称呼：客户经理、客户执行、客户主管等等。在代理机构的行政体系中，在他们之上的是客户总监、客户服务总监，或者干脆就是董事会负责人。在美国则经常使用总裁或副总裁的头衔。不管使用哪种称呼，工作职责并没有改变。客户经理在客户面前代表代理机构，同时又在代理机构内代表客户。在相对较低的层次，他们处理并推进代理机构为客户提供的日常业务。在较高层次，他们的角色更具有战略意义。客户总监要确保客户对代理机构提供的服务感到满意（最好不光是满意），并且代理机构的计划和宣传活动都朝着正确的战略方向迈进。

此外，在早些时候，代理机构要提供多种服务，这意味着客户经理要和客户就多种市场营销服务进行协作，并且要监管所有这些业务。这意味着客户经理与客户的市场营销人员有着非常紧密的合作关系，全方位熟悉他们本人及其各自的业务。对于客户的业务，在代理机构中没有人比客户经理了解得更多。因此，好的客户经理权力很大。他们是代理机构的核心。他们能够，并且的确常常在他们跳槽的时候把客户带走。

如今，情况不太一样了。的确，客户经理依旧很重要。他们依然负责监管和协调代理机构为客户所提供的所有服务。但是代理机构的服务内容较为特定。代理机构发起新的广告宣传活动，执行与宣传有关的广告企划，并且与客户的媒体代理进行联络。这些活动都需要客户经理的精心安排。但广告企划人员也与客户保持亲密关系。创意人员同样如此。因此，相比他们，客户经理对于人员的控制力要弱得多。而且，客户与一大批不同的市场营销公司合作，他们与每家公司的人际关系都没有以前和一家提供多方面全能服务的代理机构来得密切。现在依然有强势的客户经理在跳槽时带走客户，但在大型代理机构里这种情况很少发生。因为除了上述提及的因素之外，大多数主要客户现在都在跨国经营。

国际性广告行为

显然，广告行为无法避免世界贸易全球化所带来的影响。事实上广告受到的影响很大。大多数跨国公司同时也是全球性广告投放者。从20世纪30年代开始，生产化妆品、香水和时尚产品的国际性公司已经开始进行全球性广告宣传，大多数广告刊登在顶级时尚杂志上。但是直到20世纪末，大众消费品公司才真正开始进行全球性广告宣传。即使现在，依然只有极少数广告宣传真正算是全球性宣传活动。大多数只能算跨国性宣传活动，也就是说，它们在多个国家进行，但在其他国家，当地法律、习俗以及竞争者迫使这些广告作出改变，无法保持全球统一的模式。

在一个缩小的世界里，全球性（或者说跨国性）广告行为的商业利益毋庸置疑。对广告宣传进行中心控制变得更为简单。在世界各地旅行的人们发现到处都是同样的广告宣传，而不是各个国家分别进行不同的宣传活动。随着各国的民族文化变得更为同质化，在一个国家取得成功的宣传活动通常也会在其他国家取得成功。将此类知识从一个国家传递到另一个国家正是跨国公司的主要商业优势之一。全球化意味着创意成本可以分期清偿，虽然从分期清偿中节省的资金通常远比全球性广告投放的新手所预想的要少得多。

不过，虽然利益很明确，其中的机制却很复杂。整个世界并不是像全球化的拥护者所声称的那样趋于一致。当你从一个国家到另一个国家，几乎一切都发生了改变：地貌、建筑、语言、法律、传统、人们的相貌和服饰，通常还有产品及其包装。广告可以被用来回避这些差异，并且事实上就是被用来这样做了，但许多广告因此变得平淡无奇。因此，要想进行真正有效的跨国宣传活动，就需要在各国间进行大量讨论和协商。

不管全球性广告投放者的宣传活动是否在全世界保持一致，它们通常在世界范围内使用同一家创意代理。即使在不同国家必须使用不同广告，对于客户来说，选用能在任何地方对广告行为进行协调的同一家代理依然有许多好处。因此，所有的大型代理机构都调整自身架构，以适应国际客户的需求。它们指派全球客户服务总监（不管这一头衔的确切名称是什么），负责代理机构在全世界范围内为客户提供服务的方式。全球客户服务总监住在飞机上（还有豪华宾馆里），拥有巨大权力，类似于传统的全能代理机构中客户经理所拥有的权力。在代理机构中，没有人对于客户及其国际性业务的了解胜过全球客户服务总监。一家全球性客户在世界范围内的营业额和利润可能远远超过几个小国家中所有地方性代理机构的营业额和利润的总额。

为了应对全球性客户的需求，代理机构发展出了高度复杂的矩阵管理制度。地方客户经理和国际客户经理之间的服务和赢利职责相互交织又相互重叠。这是一套复杂的新游戏，需要紧密的团队合作。但代理机构迅速掌握了这一套方法：他们不得不掌握。

专业性代理

本章大多数内容都关注普通的（而非专业性的）创意代理。这是因为规模稍大的创意代理，无论是地方性还是国际性的代理机构，都从事普通代理业务。也就是说，它们为来自制造业和服务业的客户提供广告服务。它们也愿意这样做，首先，因为客户很少允许代理机构为它们的竞争对手服务。一家代理只能为一家汽车生产商、一家宠物食品生产商、一家化妆品生产商等等服务。因此，如果一家代理要想发展业务，就不能专业服务于单一的市场。其次，大多数代理机构的从业人员喜欢为不同行业的客户服务。他们觉得这样做具有激励性，并且他们可以将在一个行业中学到的知识转移到其他行业中。（这也是广告投放者通常无法在公司内部组建自己的代理机构的关键原因之一，虽然很多公司的确进行过这样的尝试。）

然而，有少数专业性代理机构专门为某些商业活动提供服务。专业性代理机构的广告业务范围包括：电影、戏剧、招聘、直接优惠券（即撕即用）、制药企业以及技术类财经服务。在这些领域，客户很少介意广告代理机构同时也为其竞争对手服务。它们更关心代理机构是否了解它们的特定商业需求以及相关的法律规定，而普通代理机构很难做到这些。

此外，本书第29页已经提到，近年来涌现出了一批专业从事互联网和其他数字化广告活动的创意代理。这些代理机构通常在涉及客户的竞争对手时受到和普通代理机构一样的限制，但是它们的客户在阐释限制要求时更为宽松，因为数字代理行业的规模相对较小，所涉及的技术又相对稀缺。人们普遍认为，进行数字广告宣传所涉及的创意技术不同于，但又近似于其他媒体所涉及的技术。2009年，在权威性的《国际广告行为期刊》上刊登的一篇文章列举了数字广告的六项原则：

1）广告投放者必须敏锐地察觉客户对隐私的关注。

2）消费者更有可能接受由他们信任的广告投放者所发布的数字广告。

3）消费者更有可能对那些与他们相关的产品的数字广告作出回应。

4）包含交互性的数字广告方式更有可能产生效果。

5）在数字环境里，有趣的广告讯息更有可能成功。

6）长期来看，数字讯息需要建设有效品牌。

这几条原则中，有几条（第2条、第3条、第6条，一定程度上还包括第5条）适用于所有媒体。其他几条原则很显然只适用于数字广告行为。正是这种重合使得现在的发展趋势还不明朗，无法判断从长期来看数字代理究竟是会被并入普通代理，还是继续保持专业性质。这一问题目前依然不够明朗。

现在创意代理已经将广告制作完成。接下去我们将继续探讨，媒体代理究竟如何购买广告发布时所需的空间和时间。

第六章

媒体代理：花费客户的资金

在英美两国，并非每个广告业从业人员都欢迎创意和媒体购买服务的分化，并且这种分化也并非完全合理。在当初的分化过程中，许多人认为（有些人甚至现在依然认为）媒体选择和广告制作是同一过程中的内在组成部分，即制作具有成本实效性的广告宣传活动的过程。他们抱怨分化将导致每种代理机构只关注自己狭隘的专业领域，而看不到更为宏观的宣传活动。虽然广告投放者和代理机构的管理层已经努力避免缺乏远见的做法，但这种抱怨并非毫无道理。创意和媒体代理很少按照它们应该做到的那样进行全面沟通，也很少完全赞同对方的观点。但是，从目前的情况看，导致分化的专业化趋势不可逆转。创意代理和媒体代理的分化看起来将持续下去。

无可否认的是，不同类型代理机构的工作人员的个性和才干差异很大，因此他们之间几乎是格格不入，这也是导致分裂的原因之一。的确，客户找两种代理机构都是为了寻求创意。但媒体代理机构的工作人员不太会性情多变、自我中心、依赖直觉，而是更为脚踏实地，用数据说话，按步骤办事。

虽然在媒体代理机构中取得成功的个人不需要熟练掌握微积分，事实上也没几个人能做到，但是他们都对数字具有敏锐的直觉；他们需要这种特质，因为他们每天要花费大量时间关注和分析计算机数据。大多数创意人员恰恰对关注和分析计算机数据感到深恶痛绝。

以最小的成本，在有鱼的地方捕鱼

要界定媒体代理机构的角色，最简单的方法就是用捕鱼来打比方。媒体代理必须帮助广告投放者在有鱼的地方捕鱼，并且只花费最小的成本。"在有鱼的地方捕鱼"这句格言适用于市场营销的所有领域，不仅仅是广告业。"鱼"就相当于目标市场。对于渔夫来说，在有鱼的地方捕鱼是一种常识；如果找不到鱼，渔夫也就没有地方可以捕鱼。同样，如果目标市场人群都看不到广告，那么市场营销人员也就无法在媒体上投放广告了。

但这一类比还有更深层的含义。渔夫在决定是否要捕鱼之前，必须考虑到成本。通常，钓鱼者要想去有大量鱼儿的地方钓鱼，尤其是当鱼的质量也很高的情况下，就必须花费更多的成本。同样，一艘捕捞船的船长也会仔细计算行驶若干距离寻找大规模鱼群的成本，从而确保捕捞行动有利可图。

寻找捕鱼的最佳地方，这相当于确认用于发现目标市场的最佳媒体，这是媒体代理机构首先要完成的战略性任务。第二个任务是确保捕鱼的成本越低越好。

在媒体代理机构中两个任务分别被称为**企划**和**购买**。前者是战略性角色，后者则需要高超的谈判技巧。虽然媒体费用和价格都已经公开，但宣传活动的购买成本依然有很大的谈判余地。这两个任务并非像听起来那样界限分明：企划和购买必须结合在一起。谈判后确定的价格只有在符合宣传策略的情况下才算是得到优惠。仅仅因为低价而购买低价空间完全是在浪费资金。（相当于在没有鱼的地方免费捕鱼！）因此，不是所有的媒体代理机构都区分这两种任务。一些媒体代理雇用"企划人员兼购买人员”来同时完成两项任务，另一些代理机构则将企划人员和购买人员区分开来，虽然两者必须紧密合作。显然，采用这两种不同结构方式的代理机构都认为，它们的方式才是最好的。

不管采取哪种内部结构，媒体代理的首要任务，也就是战略任务，是挑选和推荐哪一类媒体应该被用来接触目标市场：报纸、杂志、电视、电台、直邮、海报、交通工具、电影，还是互联网。或者将其中几种媒体结合起来使用。

媒体代理将与广告投放者（通常也包括创意代理）共同合作，作出最终决定。和之前一样，广告策略文件依然起到关键作用。广告策略将界定宣传活动的主要目标。初步的媒体选择将力求满足这些目标，并且我们将看到，选择将基于三个基本要素：可用预算、媒体技术和媒体对目标市场的覆盖程度。

一旦媒体或者媒体组合确定下来，媒体代理将进一步完善它所做的推荐。它将选择和推荐宣传活动在所选媒体出现的确切方式、位置和时间。这些决定还是要和广告投放者（或许还有创意代理）进行讨论，但这主要是媒体代理的业务范围。企划和贯彻详尽的宣传活动定位是媒体代理的关键任务。

选择媒体

如上所述，在选择该使用何种媒体进行广告宣传时，有三个基本要素：预算、媒体性质和对目标市场的覆盖程度。在规划一次广告宣传活动时，必须将三个要素都加以考虑。如果其中一个出错，只保证另外两个要素是没有用的：你不可能获得预期结果的三分之二，甚至你都可能一无所获。

预算

很显然，可用预算的多少是决定媒体选择的主要因素。但是，现在所有的媒体类别都呈现出高度的多样性，这意味着它们也十分灵活。对于任何一次广告宣传活动来说，都可以选择购买大型广告或小型广告，多则广告或少量广告，接触大量人群的广告或只接触少量人群的广告。每种情况下的广告价格以及由此产生的宣传活动的总费用都有所不同。在大多数购买情况中，购买者买得越多，得到的折扣也越大，即使折扣的性质并非总是一目了然。（比如，相较一则15秒的广告来说，一则30秒的广告每秒钟的成本更加便宜，因为电视台更愿意销售时间较长的广告，但是媒体购买的新手可能会忽略这一点。）

因此，对于任何媒体来说，不存在固定的底价。现在，我们有如此多的媒体，也有如此多的广告投放者，因此媒体价格很准确地反映了供求关系：用经济术语来说，广告市场是一个自由市场，不仅开放，而且具有高度竞争性。通过有选择地、明智地购买媒体，广告投放者可以让一小笔预算发挥巨大作用，这当然要借助于顶尖媒体代理的协助。不过，过度消耗一小笔预算并不明智。假设现有预算可以做到在一份销量巨大的全国性报纸上购买一整版广告，在这种情况下，购买整版广告并不是使用这笔资金的最佳方式。正常情况下，对于大多数广告宣传活动来说，更好的选择是在同一份报纸上刊登更多、更小的广告，或者在销量更小的报纸上刊登更大的广告。（但如果广告策略需要在一天之内产生最大的影响，那么在销量巨大的全国性报纸上刊登一整版广告就是正确的选择。）

可以用电视来说明这一切是如何进行的。总体上，全国性电视台是最贵的媒体。但现在有许多观众收看人数较少的专业电视台，它们的广告费用较低。你花钱得到你想要的：观众人数越少，价格越低。同样，当观众人数较少时，你也可以在大型电视台购买到廉价广告：比如，午夜时段。还是一样，观众人数越少，价格越低。因此，许多只有小额预算的广告投放者尽量利用更低价格：选择价格更低的电视台和更便宜的时段，但是对于销售大众消费品的广告投放者来说，它们必须接触大量观众，因为对于它们来说，购买只有少量观众的电视广告意义不大。同样的基本原则适用于所有媒体。

媒体的本质

对于广告行为而言，每种媒体本质上都有各自的内在特征。其中大多数都是简单的常识。电视、电影和互联网有声音、图像和动作。电台只有声音。报纸和杂志为较长的文案提供空间，人们可以在空闲时间阅读这些文字，并且报纸和杂志便于携带。海报的尺寸具有视觉冲击力，因此可以张贴在零售点附近，客户可以就近购买。直邮和电子邮件就非常有针对性了。

尽管现在已经有了大量的市场调查数据，但上述特性都无法用金额进行精确量化。但是，不同的特性为不同产品提供了不同优势。对于广告投放者和它们的媒体及创意代理来说，技巧在于为宣传的产品和服务选择最合适的媒体，即可能达到最佳游说效果的媒体。一些产品要求特定的说明，这些说明只有通过平面媒体才能做到；一些产品强调它们的吸引力，需要使用高品质的彩色图片或电影；一些产品可以只通过声音技术加以完美宣传；还有一些产品则取决于个人对于信件的感受。充分利用媒体特质能够将广告宣传的效果最大化，并且常常能让有限的预算发挥出额外的功效。总归是要做到“量体裁衣”。

目标市场的覆盖程度

不用再重复“在有鱼的地方捕鱼”这一类比，目标市场的覆盖率是选择正确媒体的绝对关键因素。如果媒体不能接触那些可能购买产品的人群，那么广告就完全被浪费了。可以认为，避免此类错误的“可靠”办法是选择那些能够尽可能多地接触全国总人口的媒体：如果这个国家的**每个人**都看到广告宣传，那么广告显然就接触到了目标市场。要想接触近100%的人口，可以通过电视，或者通过地毯式的全国性报纸或海报宣传，又或者通过地毯式的全国性直邮宣传（就像政府有时为了和全国人民交流所做的那样）。但是，这种“可靠”方式忽视了“捕鱼”类比中的第二部分。采取这种方式必然要花费不必要的高额费用。因此，这种方式就成本实效性而言，不可能是最佳选择。接触全部人口意味着广告投放者不可避免地会接触到大量**不会**购买该产品的人群，并且为这部分的广告支付费用。换言之，广告宣传将浪费相当一部分预算。

为了尽可能地以低成本高实效的方式使用预算资金，从而以最低成本接触到“鱼群”，广告投放者必须较为精确地界定目标市场，并且将这部分人群和媒体使用关联起来。目标群体指数之类的市场调查在衡量不同媒体所取得的目标市场覆盖率方面是非常有价值的工具。广告投放者常常发现，接触到近100%的目标市场所需的成本过高，因此更具成本实效性的做法是以低得多的成本获得相对较低的覆盖率。（以低得多的代价捕捞数量相对较少的鱼群。）媒体代理能够为广告投放者提供图表，显示接触不同比例目标市场的成本的渐进变化，比如分别列出接触60%、70%、80%和90%的目标市场所需的成本。广告投放者随后可以在可接受的成本范围内，就针对的目标市场覆盖率作出合理决断。

在确定一种或多种基本媒体类别后，媒体代理随即开始规划宣传活动的具体细节。

规模、频率和时间安排

很大程度上，媒体代理的主要业务能力在于在不同的协调方案之间进行选择。一旦预算的资金规模确定，并且已经选好了相应的一个或多个媒体，媒体代理就必须将可用资金以最具成本实效性的方式在多个关键媒体之间进行分割使用。

如果广告投放者的资金预算是无穷的、无限的，那么媒体代理就可以借助不间断的大型广告和长时间的电视广告，做到100%的目标市场覆盖。但预算不可能是无穷或无限的。无穷预算的广告宣传活动只可能出现在童话故事里，在现实中根本不存在。这一事实强调了协调的重要性。我们已经看到，媒体代理必须向广告投放者推荐接触多少比例的目标市场最为划算，以及广告的大小、出现频率和宣传活动应该持续的时间。

这些因素同样是相互作用的。如果使用更大的广告或时间更长的电视广告，这就意味着它们的出现频率就要降低。同样，如果宣传活动有必要持续较长时间，那么就必须采用较小（或较短）的广告，或者出现频率较低，或者这些因素都要相应调整。策划一次广告宣传活动时，对于上述问题并没有绝对正确或错误的答案。但一家好的媒体代理通过数据分析和经验总结，能够为广告投放者提供清晰的指导。广告的大小（或时间长度）要和创意代理及广告投放者一起讨论；宣传活动的频率及时间长度则主要和广告投放者一起讨论，并得到后者的同意，虽然创意代理也会参与其中。

广告的大小取决于宣传策略所列举的目标对于受众**了解度**和**影响力**的重视程度。与广播电视媒体相比，平面媒体和户外媒体在这一点上更为明显。公众会很自然地注意到平面广告或海报的大小，但他们很少确切知道电视或电台广告的长度。通常，平面广告越大，注意到广告的人数就越多。在潜意识层面，公众意识到大型广告往往宣告了某件“重要”的事。因此，大型广告能取得较高的关注度和较大的影响。

但令人惊奇的是，有时这些因素相对来说没有那么重要。或许所宣传的产品只限于少数人使用，其目标市场较小。在某些情况下（别忘了有两种广告：找人的广告和人们寻找的广告），小型广告远比大型广告更具成本实效性。假设你要为咳嗽药进行广告宣传，你只想要让那些咳嗽患者能够看到广告。一则以“咳得厉害？”为大字标题的小广告将吸引那些患者的目光，而他们正是广告要接触的目标市场。

同样的标准也适用于广告的时间安排和频率安排。大多数人在冬季规划自己的夏季假期，因此策划假期游玩的公司都在圣诞节和新年进行大规模广告宣传。大多数新车都是在春季和初夏时节购买的，因此汽车厂商也选择在这几个月投放广告。流行时尚在春秋季发生变化，因此新的款式都选择在这个时段进行广告宣传，而冬季多发感冒咳嗽，因此药品广告多在冬季出现。人们购买的许多产品是季节性的，但也有许多不是。在这些情况下，广告投放者选择在竞争对手没有进行宣传的时段来投放广告，从而促进销售。或者它们会选择在某个特定时段高频率投放简短但醒目的广告以求主宰市场。（世界上最大的广告投放者保洁公司就特别喜爱简短而醒目的高密度广告投放模式。）在作出所有这些决断之前，媒体代理机构受到了过往经验的很大影响。它们了解过去多年所做的广告宣传，知道这些宣传活动的持续时间。和军事战略专家一样，它们总是力求通过牵着对手走以达到出其不意的目的。

正如创意代理总是寻求具有创新性和影响力的方式来传递广告讯息，媒体代理也总是寻求具有创新性和影响力的方式来花费可用预算，只要它最终能够以最小的代价捕捞到正确的鱼群。

互联网和数字技术

我们在第二章已经强调，数字广告正在全世界范围内迅速发展。到目前为止，增长几乎都与互联网而不是电话业务相关。和创意代理一样，媒体代理也分化为两大类：普通代理的业务范围涉及所有的广告媒体，数字化专业代理专注于从事数字媒体的广告代理。目前，大部分互联网广告都由普通代理机构提供，但是，和创意领域的情况一样，整个局势依然在变动，今后数年很可能发生重大改变。

普通代理也好，专业代理也好，媒体代理机构必须熟悉互联网上出现的不同的广告类型，其中最主要的三种是：

• **展示广告**：包括横幅、弹出窗口、赞助商信息，以及其他和展示广告具有同样方式和目标的“介入式”交流。这些方式通过让目标市场人群对品牌有所了解，从而关注该品牌。有时（但并非总是），它们还为网络用户提供链接，可以从广告点击进入广告投放者的网站。展示广告占所有互联网广告收入的约20%。

• **搜索广告**：“搜索”功能是互联网的强大优势，占到所有网络广告收入的60%（剩下的部分属于分类招聘广告）。它与传统广告类别中的名录和分类广告很相似。但互联网有着传统方式难以匹敌的速度和全面性。搜索公司，如Google、Yahoo!、MSN等，在列出的搜索结果中加上广告投放者的公告，鼓励网络用户点击进入广告投放者的网站去寻找更多信息，有时用户会直接在网上购买所需商品。广告投放者出现在电脑屏幕上的位置极大地影响了它所获得的回应。研究显示，搜索互联网（或者说网上冲浪）所获得的第一条结果得到了数量最多的点击率。因此，广告投放者向搜索公司支付额外费用以求出现在搜索结果的顶部，或者靠近顶部的位置。

• **网站**：网站和传统媒体中的传单、手册和产品目录最为相似。和"搜索"一样，网络用户通过搜索引擎或者直接输入域名，主动找到网站。并非所有网站都是商业性质的，因此情况变得更为复杂。许多个人和团体设计并建立自己的网站。除了网站建设和注册的成本之外，没有其他费用。因此，网站的"成本"并没有包括在互联网广告费用数据中。大多数广告投放者，尤其是零售商，直接在网站上进行销售，从而使网站成为极具成本实效性的销售方法。

随着互联网继续发展，新的广告方式（如通过博客和社交网站进行宣传）不断涌现，虽然其中的多数方式无法像预期的那样获得大量广告收入。

和电视一样，互联网在锁定不同人群方面特别有效，可以利用特殊兴趣、活动和一天内的不同时段来锁定人群。互联网用户可以被准确辨识，他们的购买习惯和其他特征也可以被辨识出来。这使得对互联网用户的目标定位更为准确。

互联网上的展示广告和其他媒体上的展示广告收费方式一

样。广告投放者支付的费用取决于受众的规模和性质，以及广告本身的大小和性质。之前我们已经谈到，建立一个网站不存在“媒体费用”。

但是，“搜索”广告却有着独特的收费模式：**按点击量支付**。广告投放者支付给搜索公司以求出现在后者网站上的费用取决于互联网用户通过点击进入该广告投放者网站的次数。这意味着广告投放者的成本与网站访问者的人数直接相关，并且显然（虽然没那么直接）和所取得的销售也相关。这样的紧密联系使得对互联网搜索广告的评估相比其他广告形式更易于量化，虽然量化程度比不上传统的直邮方式。

对于宣传活动的讨论已经准备“告一段落”。创意代理完成了广告创意，媒体代理完成了媒体选择和购买。广告投放者已经批准了整个计划，发令枪已经准备好了。在整个策划过程中，人们已经用到了市场调查，并且还将继续利用这一工具来检验宣传活动启动后的进展。让我们现在来看看市场调查是如何发挥作用的。

第七章

调查，调查，调查

早期

广告行为是如此费钱，如此复杂，而结果又是如此难以预计，因此广告投放者一直试图寻找到像科学定律那样的规律，能够保证取得预期结果。本书开头已经提到，它们希望存在某把金钥匙，能够解开成功销售的秘密。在物理学领域，科学家知道如果他们做A，那么结果B就会出现；如果做Y，那么结果Z就会出现。在广告行为中有可能出现同样的情况吗？一百多年前，芝加哥市的西北大学已经有了广告心理学研究。广告心理学教授沃尔特·迪尔·斯科特于1901年向广告业的玛瑙俱乐部发表演讲，主题是“关于非自觉性注意力的心理学研究在广告行为上的应用”；1909年，他又出版了一部名为《广告心理学》的专著。这是无数相关研究中的开创性作品，这些研究试图用心理学词汇来揭示广告的工作原理。

大约十四年后，美国广告业历史上最伟大的广告文案创作者克劳德·霍普金斯于1923年出版了一部名为《科学广告行为》的专著，当时他也在寻找传说中的金钥匙。对于如今的广告业从业人员来说，近百年前这种能够将广告业变成一门科学的说法无聊且可笑。不过，霍普金斯的著作已经成为一部经典，到现在依然如此。霍普金斯专门研究直接回应性的优惠券广告，这类广告的结果可以通过回收的优惠券数量来测算。利用自己几十年来得到的优惠券的回应数据，霍普金斯得出了撰写成功广告的规律，他所总结的许多规律（对于优惠券广告而言）如今依旧有效。但它们并不总是适用于为品牌产品所做的非优惠券性质的广告，而且电台、电视和其他许多现代广告媒体在1923年都还没有出现。然而，试图将广告行为变成一门科学的做法并未就此停止。但是随着20世纪30年代大萧条期间以及二战期间和战后世界范围内广告支出的下降，广告行为陷入了沉寂。

直到20世纪50年代初期，广告行为才重新开始活跃。在美国，纽约和芝加哥出现了一场新的运动，有人认为他们已经找到了金钥匙。这把金钥匙被称为**动机调查**，有时也叫**深度调查**，它大体上基于弗洛伊德学派的心理分析理论。它的观点是，消费者的购买行为往往是情绪化多于理性安排，并且受到人们的潜意识欲望的影响（事实上应该说受到其控制）。调查雇用了受过专业训练的心理学家或精神治疗医师，对消费者进行长时间的一对一访谈，通过类似于精神诊所所使用的分析方法来探测消费者的潜意识。这些一对一访谈当时被称为“深度访谈”，并一直沿用至今。有两个人都声称他们是这类研究的开创者：一个人是欧内斯特·迪希特博士（他远比后者知名），另一个是路易斯·切斯金。两个人都受过心理学训练，都有过精神分析的经历，都声称自己在20世纪30年代开始实验此类深度访谈，尽管他们的研究直到20年后才引起关注。

动机调查是万斯·帕卡德所写的《潜藏的劝说者》（1957）一书的主题，这本书至今依然是知名畅销书。在这本书中，迪希特、切斯金以及其他人就他们的调查方法的影响作了令人印象深刻的断言。例如，迪希特博士声称，成功的广告：

> 操控人们的动机和欲望，并创造了对物品的需求；公众之前对这些物品并不熟悉，或许也不想购买。

他还声称："我们暴露了人们作出理性判断的心理过程。"

这些断言引起了许多人的密切关注，人们不喜欢他们的理性化过程被别人"暴露"这一说法，也不喜欢他们的动机和欲望在心理上受到他人操控这一论断。这样的言论让他们听起来就像是木偶，而广告行为则是控制他们的牵绳。这就是万斯·帕卡德书中令人惊恐的主题，正是因为这一主题该书才如此畅销。在当时，人们经常谈论"洗脑"。（经典的洗脑电影《谍网迷魂》拍摄于1962年。）但是，许多人当时所担忧的控制人们大脑的能力实际上从不存在，当然在广告业中也没有这样的力量。我们不要忘了，调查者的论断（事实上也包括广告从业人员的言论）经常是夸张的，有目的的。如果能说服广告投放者，让后者相信它们的调查以及它们所做的广告威力无穷，这显然符合它们的经济利益。以这种方式，它们可以赢得更多客户，并且客户将花费更多资金进行广告宣传。因此，必须谨慎对待它们的论断：这些言论往往经过夸大，有时完全不可信。

在广告业历史上有一起臭名昭著的"调查"事件，其性质恶劣到了极点。毫无疑问，对于这样的"调查"结果，更不能轻信。1957年，一位名叫詹姆斯·维卡里的美国市场调查者声称，他大幅度提高了新泽西州利堡地区电影院里可口可乐和爆米花的销量，他的秘诀是在电影屏幕上快速打出"喝可口可乐"和"吃爆米花"的文字，闪现的速度必须快到让观众无法有意识地注意到讯息。他将这一过程称为“潜意识广告”，“潜意识”一词的英文subliminal源自拉丁词根sub（底下的）和limen（感官接受）。维卡里的发现立即引起了公众的强烈不安。万斯·帕卡德在《潜藏的劝说者》第二版中公开了维卡里的实验。各个地方的人们都感到惊恐，自己竟然在没有察觉的情况下受到了潜意识广告的操控。在英国，电视节目主管部门几乎立即禁止了潜意识广告。但维卡里实际上从没有利用潜意识说服任何人购买可口可乐和爆米花。1962年，他承认整件事是个骗局，没有人能复制他所声称完成的实验。人们现在依旧在谈论和惧怕潜意识广告，但它从不存在。（近期研究表明，各种形式的潜意识交流能够发生，但没有证据表明，它们可以被用于广告。）

尽管如此，“潜在的说服者”和“潜意识广告”这些短语依然进入了人们的日常语言，成为普遍用法。它们的使用是如此普遍，以至于下一本引起高度争议的关于广告影响力的调查专著被命名为《潜意识诱惑》，该书出版于1975年，作者是西安大略大学的威尔逊·布莱恩·基教授。和之前的《潜在的劝说者》一样，《潜意识诱惑》利用了公众对于遭受“秘密”广告讯息操控的恐惧，从而成为畅销书，虽然它的畅销程度不如前者。

基教授认为，保证成功性行为的讯息被加密后置于了（他所用的词是“内嵌于”）广告中。

他声称，这些内嵌信息，就像潜意识广告（此时已经被否定）一样，无法被意识察觉，但是却能控制消费者的行为。基教授声称：

> 每家主要的广告代理机构在各自的艺术部门至少有一名技术人员负责内嵌信息。大多数商业艺术学校都传授这一技术。

图14 詹姆斯·维卡里：他声称自己于1957年在新泽西完成的"潜意识广告"实验是一场骗局

这完全是胡说八道。广告代理机构中从没有过所谓的"负责内嵌信息的技术人员"，现在也没有这样的人。但是，所有的（或者说绝大多数）广告依靠对成功的性行为作出保证来达到游说效果，这样的观点再次造成巨大影响。无数的媒体文章和争论都基于这样的看法，即性总是能让广告更为活跃，并且性能够销售任何事物：性就是人们长期以来一直寻找的金钥匙。这些也全是胡说八道。广告行为中几乎不存在性的因素，尽管多数人不相信这一点。的确，存在宣传香水、化妆品、时尚用品和女性内衣的性感的广告，在这些产品宣传中加入一点点情色不会犯错。其他产品的广告宣传中也有些许性感色彩，但如果某种冰淇淋（比如哈根达斯）胆敢在英国进行广告宣传时尝试好玩但无伤大雅的性感形象，必然会造成公众的恐慌，他们将因为广告中的性元素而感到不安，并要求解释。显然，如果淫秽的广告行为随处可见，人们就不可能这么大惊小怪。如果广告中完全没有性元素，这将会令人吃惊。但是否存在为超市、家用清洁剂、药品和金融产品进行宣传的性感广告呢？几乎没有。

公众坚持认为，他们不喜欢广告宣传中掺杂不相关的性元素。英国广告标准局所收到的投诉中，有约五分之一都是抱怨一些广告品位低下，有伤风化。而且，现在有超过40%的消费者支出源自50岁以上的老年人。他们并非都对性缺少需求，但在他们心中，情欲或许并不是最重要的。出于这些原因，广告倾向于采用庄重风格，而不是情色当道。在英美两国的广告中，你从来不会看到任何一点赤裸裸的性表白，也不会出现正面全身裸体。与媒体相比，广告描绘了一个真正洁净的世界，甚至可以说过于拘谨而不是过于放肆，反而显得不那么真实。

独特的销售主张

几乎上述所有的理论都来自广告业以外的人：学者和调查人员。但世界上最知名也最具影响的广告调查过程之一出自一家广告代理机构，它帮助该机构成为了世界上最大的广告代理之一。这家代理机构的名字来自它的创始人泰德·贝茨。该公司确信，它发现了难以寻觅的金钥匙。泰德·贝茨公司创始于纽约，迅速发展成为世界性的服务网络。它所开发的广告过程总是以其公共“面目”而为人所知，即所谓的**独特的销售主张**（USP）。但事实上，总结USP的过程是一个完整的广告宣传发展体系，在其中调查起到了不可或缺的作用。

USP体系从一开始就声称，所有的广告宣传活动应该搜寻并且专注于品牌的某个细节，这个细节将该品牌与它的竞争对手区分开来，并且促使人们购买。但一旦USP得到确认，并且被纳入广告宣传活动中，这一体系的调查部分就开始运作。当广告宣传开始进行时，调查活动会追踪公众对USP的了解程度（我们在下一部分将会讨论这种测算），并且有两个数字需要计算：

1） 购买该品牌并且知道广告USP的公众比重。

2） 购买该品牌但不知道广告USP的公众比重。

泰德·贝茨将（1）和（2）之间的差别称为“**惯用影响力**”。该代理机构声称，只要（1）大于（2），两者间的差额（3）代表了在USP的游说下选择购买该品牌的人口比重。这听起来合乎逻辑：如果更多知道USP的人购买该品牌，那么可以假定是USP说服他们选择购买的。（1）和（2）之间的差额越大，USP的游说力量也越大。如果（2）和（1）大致相等，那么USP没能做到说服额外的人购买该品牌，这意味着USP缺乏说服力。在某些罕见的案例中，（2）大于（1），也就是说，了解USP的人反而比不了解的人更少购买该品牌，这意味着USP反而起到了负作用，惯用影响力是负的。如果一次广告宣传活动没有体现足够的正面惯用影响力，那么这次宣传必然将遭到失败。

泰德·贝茨声称，通过精确辨识USP，并且测算它们的惯用影响力，可以极大地提高广告的有效性。从20世纪40年代早期到60年代晚期，贝茨公司发展并推广了这一体系，获得了极大成功。在那些年里，该公司确实为它的客户完成了极其有效的宣传活动，尤其是为玛氏公司（多年来一直是它们最大的国际性客户）所做的宣传，这反过来也让更多客户选择它们。USP同时也是贝茨公司自身的独特销售主张，它在客户中所产生的惯用影响力相当大。

但是，最近几十年来出现了三个变化，这些变化严重损害了USP体系。首先，调查显示，定期使用某品牌（任何品牌）的人比那些不使用该品牌的人更有可能了解它的广告。这被称为“反馈”。因此，惯用影响颠倒过来了。并不是了解某广告说服你使用某品牌：而是当你使用某个品牌，你更有可能了解它的广告宣传。或者更确切地说，两件事同时发生，任何一种单向的因果关系都不可能得到证明。

其次，随着经济变得更为富裕，更多的产品进入市场，不同品牌之间的功能差异时常变得难以察觉。主要差别在于品牌形象的不同，公众对于品牌有不同感受，不过有时他们清楚地知道这些品牌的产品规格完全一样。因此，侧重品牌形象的广告行为变得日渐重要，而传统上以USP为主的广告行为的重要性则减弱了。

再次，与此相关的是，USP体系依赖于文字表达。USP必须借助文字来表达，因此人们对它的记忆很容易进行评估。但品牌形象的传递或许更多是视觉性的而不是文字性的，许多商业广告或许也使用了非常有效的（没有文字的）音乐。正如迪希特博士坚持认为的那样，消费者经常因为情感因素而非理性因素选购某些产品，这些情感因素他们自己或许很难分辨，更不要说形诸文字了。

USP体系已经过时，同样过时的还有泰德·贝茨的惯用影响力。但是，基本原则是要辨识出能够将一个品牌与其他竞争对手区分开来的单一细节（在能够识别的情况下），这条基本原则依然是大多数现代广告策略的关键因素。

如今的调查

如今的广告调查已经吸收了许多历史经验，并且早就不再寻找一把能解决一切难题的金钥匙。如今的调查一点一点地来处理广告宣传过程的各个部分，随着宣传活动的进展，力求逐步改善其影响力和实际效果。现在广告业的从业人员中没有人相信，存在一种整体性的科学理论，能够保证所有广告宣传的实效性。每个人都意识到，广告行为实在是过于复杂且差异过大，因此这样的理论不可能存在。

如今，对广告宣传所做的调查主要分为两大类：前期测试和后期追踪。前者中的大多数由创意代理来负责执行；后者中的大多数则由广告投放者牵头，雇用它们自行选择的调查公司来执行。

前期测试

我们已经看到，在代理机构的广告企划人员起草了广告策略并且得到同事和客户的同意后，宣传活动便开始展露雏形。广告策略包括广告宣传活动所必须传递的讯息和针对的目标市场。在关于代理机构和创造性的章节里，我们已经看到，在创意团队有了初始想法或概念后，广告企划人员重新参与到宣传活动的酝酿过程中。在这一阶段，他们从目标市场中选取样本，对这些概念进行测试。

测试几乎总是采取焦点小组访谈的形式，每组八到十人，不过有时也会采取一对一访谈，这种方式由动机调查人员最先采用。对于接受访谈的人员，无论是采取焦点小组或一对一访谈的方式，有一点极为重要，那就是要从目标市场中选取人员。如果访谈使用了错误的样本，所获得的结果不仅与调查无关，而且可能会产生误导。举个简单的例子：如果对轿车司机进行访谈，内容却是关于一款跑车的广告，他们很可能会关注跑车的安全性，并且希望广告中强调安全信息。相较之下，跑车司机没那么关注安全，却对车辆的性能和操控性极其感兴趣。鉴于轿车司机购买跑车的可能性很小，将他们的意见包括在内将影响到广告宣传的有效性。但令人吃惊的是，这样的错误时常出现。

在一个焦点小组中，有八到十人聚集在一起，在一个有经验的组长的引导下，他们就展示给他们看的创意概念展开讨论。组长通常是经验丰富的市场调查人员或广告企划人员。相比一对一访谈，焦点小组访谈有三点优势。焦点小组访谈成本远比一对一访谈来得低；它们更为快捷，一次性访谈八到十人总是比对他们分别进行访谈来得快；最重要的是，小组成员通过交流，作出反应，组长可以鼓励他们共同来探讨这些内容。焦点小组访谈的缺点在于，每个人没有充足时间来表达个人观点；因此，不可能深入了解个人的反应；害羞的人可能会被其他人压倒，虽然有经验的组长会设法避免这种情况。调查同样显示，即使有经验的组长往往也会影响被访谈者的回答，虽然他们努力避免这么做。（在一对一访谈中，同样会出现这种情况。）

一般情况下，总是要进行好几个焦点小组访谈，只依靠单个小组的话风险太大。负责处理这些访谈的人员将对结果做进一步处理，反复听讨论的录音带，并且仔细研究受访谈对象的反应。随即，他或她将与创意团队和客户执行人员见面，一起讨论访谈结果。如果某些结果是负面的，创意团队通常将修正广告概念，从而克服目标市场的担忧。但有时不可能只做修正，整个概念或整组概念不得不被放弃。于是，又重头回到了创意构思阶段！如上所述，并非所有的创意团队都能接受批评，有时他们会质疑调查结果，并对其产生强烈不满，但最终，他们不得不接受这一体系。

只有当某个广告概念顺利通过这一过程后，代理机构才会将它，连同调查报告一起，交给客户。20世纪90年代著名的吉尼斯啤酒冲浪者系列广告（大体上基于文学名著《白鲸》）是一个广告企划过程的优秀案例。2000年5月，这一系列广告被英国公众评为“英国有史以来的最佳广告”。广告企划人员不断地进行调查，整个广告计划曾经几度濒临危险，不过最终创意团队解决了调查所发现的问题。这花了整整一年时间，但广告播出后的效果表明，花费的努力完全值得。

追踪调查

追踪研究始于20世纪50年代，但直到20世纪90年代才成为宣传活动启动之后效果评估的主导形式。正如其名称所示，追踪调查在广告宣传活动启动后通过定期调查来跟踪活动的影响。调查的问题涉及多个方面：被调查者对于广告活动的记忆，或者对活动不同部分的记忆；被调查者对于宣传活动的态度：他们认为哪些内容好或者坏，哪些部分有趣或者无聊，哪些部分他们喜欢或不喜欢，哪些部分有说服力或缺少说服力，等等。

追踪调查可以每月、每两个月或每季度开展一次。频率更低的调查无法做到“追踪”广告宣传活动，但当某个宣传活动采取无规律的广告宣传时（就像那些糟糕的宣传活动时常做的那样），研究人员也可以采用低频率的调查方式。每次追踪调查所使用的问题必须和前几次保持一致，这一点非常关键，只有这样，不同的调查才具有可比性。此外，每次调查的访谈对象必须是被调查者中的匹配样本。调查问题的措辞或者被调查人员的样本结构发生任何细微变化都可能导致调查结果出现大幅度的、看起来难以解释的变动。前后一致的做法也有助于积累规范数据。多年来，调查公司和广告投放者已经知道，在任何给定的市场，对于任何给定的广告费用水平，调查可以达到什么样的平均回应水平。

一般来说，追踪数据中最为重要的是对于广告的了解度：有多少比重的公众记住了广告？其中隐含的假定是，消费者不会对他们无法记住的广告作出回应。但是，调查结果一再表明，消费者或许并没有受到他们所记住的广告的影响，并且有时消费者还会受到他们没有记住（至少不是有意识地记住）的广告的影响。因此，广告的了解度只是衡量宣传活动有效性的近似参考数据，虽然它被广泛用作一种有用的、粗略的和简单的评估手段。

“了解度”也没有像乍听起来那样简单明了。我们在关于独特销售主张的部分已经看到，“了解度”很大程度上受到“反馈”作用的影响。因此，拥有大量用户的主要品牌往往比少数人使用的小品牌自动获得了更高的了解度。此外，在自发性（或者说最初反应）了解和经过提示的了解（“你记得任何巧克力广告吗？”与“你记得玛氏巧克力的广告吗？”）之间存在巨大差异。通过文字表达的、事实性的讯息相比视觉性的或情绪性的讯息更容易被记住，或者说在调查访问过程中更容易产生关联。更高水平的了解度通常都因“公共”媒体（如电视、印刷、海报等）而不是“私人化的”、密切针对目标的媒体（如直邮、电子邮件、文字讯息等）而产生。不过，虽然那些密切针对目标的媒体所产生的了解度较低，但它们在那些以个人身份接收到讯息的受众当中却可能产生异乎寻常的销售效果。

尽管有这些限制，许多广告投放者依然根据追踪调查的结果来设置**关键绩效指标**。例如："在宣传活动结束的时候，广告行为的关键绩效指标是xx%的受众了解度，必须达到这个水平！"如果宣传活动没有取得预期的关键绩效指标，它将被中止：广告投放者会感到，继续进行宣传纯属浪费金钱。因此，代理机构总是担心，针对它们发起的广告宣传活动的下一次追踪调查的结果会很糟糕。这并非毫无缘由：有许多代理机构被客户解雇，就是因为追踪调查的结果一直很糟糕。

有经验的广告投放者并不认为，追踪调查是广告宣传活动后期评估的唯一重点，但追踪调查确实是使用最为广泛的评估体系。

其他手段

虽然焦点小组访谈（在宣传活动开始之前）和追踪调查（在宣传活动开始之后）已经成为广告行为评估的标准手段，调查者依然在不断发明新的方法，他们希望这些方法能够比前面两种方法更加准确，更为精细。这些新的手段总是由发明它们的调查者来大力推广；在推广初期，这些调查者的影响力很大，后来则慢慢减弱。

例如，20世纪60年代有一段短暂的时期，瞳孔放大成为一项时髦的测量手段。心理学家提出，受测试者在看到他们极其喜欢的图像时（比如，向年轻男士展示一位诱人的女性），他们的瞳孔会无意识地放大，而看到他们不喜欢的图像时（比如，纳粹集中营里的囚犯），他们的瞳孔会缩小。在他们观看这些图片时，眼睛的变化可以被拍摄下来，从而测量瞳孔变化。由此，有人得出假定，瞳孔放大是测量人们对广告反应程度的好办法。

但是，不同广告所造成的差异远远小于那些更为极端的视觉形象所造成的差异；并且，在电视广告的播放过程中，瞳孔的大小总在变化，尤其是当它对浅色和深色的图像作出反应的时候。因此，瞳孔放大论没能持续流行下去。

对眼睛变化的追踪（当眼睛看事物时跟踪眼睛的运动轨迹）已经由心理学家在实验室里使用了近一个世纪。但直到最近，红外线眼睛追踪目镜才被用于商业用途，这种目镜便于携带，并且能精确显示眼睛的运动轨迹。这种方法有助于研究人们对广告（尤其是平面广告）的不同部分的关注。但这并不是针对广告说服力的测量。

其他的有用设备还包括视觉记忆测试镜，通过这种仪器，广告以越来越短的间隔进行播放，被测试者被要求回答他们所看到的内容，整个过程和视力测试差不多。汗量测定是关于参与度和兴奋度的指标。兴趣拨号测试要求被测试者在观看电视广告时转动一个拨号器来说明他们感兴趣或不感兴趣的广告部分，这种方法可以提供有用信息。近来出现一种新的方法——脑部反应成像和扫描，即在人们观看广告时，通过核磁共振成像技术将人的大脑反应扫描记录下来。人们再次希望，这种方法将揭示真正的、无意识的反应。一些研究者对利用核磁共振成像进行大脑扫描这项技术在这方面的应用前景十分看好。目前的这些方法均未能产生任何真正有用的数据，依然还有很长一段路要走。

第八章

好的，坏的，丑陋的

“震耳欲聋的广告吹捧”

或许因为广告严重干扰了人们的生活，或许因为人们怀疑它们具有操控能力，广告行为一直以来都遭到了批评、对抗，并带来了恐惧，这一点在英国相比在美国更为明显。英国的贵族阶层和知识分子对于各种形式的贸易和商业活动所持的傲慢态度由来已久，他们也一直厌恶销售和销售员。这些态度在大西洋的另一边则没有那么普遍，尽管也偶有听闻。早在1830年，英国散文家和历史学家托马斯·麦考莱这样贬低广告行为：“我们要求我们的帽匠和靴匠能做到些许矜持，些许得体的自豪。”不久之后，苏格兰知识分子托马斯·卡莱尔同样讽刺了他所谓的“震耳欲聋的广告吹捧”。19世纪末，一个颇具影响力的压力集团“控制公共广告滥用协会”出版了一份成员名单，包括当时许多最负名望的作家和艺术家。威廉·莫里斯、拉迪亚德·吉卜林、霍尔曼·亨特、亚瑟·奎勒–考奇爵士以及约翰·米莱爵士都是该协会会员。但公众对此反应冷淡；控制公共广告滥用协会印了500份手册，结果只售出30份。

人们对于广告行为的反应模式大体就是如此，从那时起一直延续至今。许多（或许是大多数）作家、学者，甚至包括政治家都或多或少对广告持反对态度，但公众并不赞同这种敌意。然而，前者控制着社会中很大一部分权力。因此，自从19世纪中期开始，广告行为日益受到法律和管控的钳制，或许没有哪个其他行业受到的约束能与之相比。

1955年，商业电视出现在英国，这一情况受到高度关注。当进入商业电视的法案在上院讨论通过时，身为清教徒的苏格兰人里思勋爵激动地将引入电视广告与天花、黑死病和腺鼠疫等恶性疾病进入英国相提并论。其他高贵的上院议员也有同感。海尔什姆勋爵将商业电视比作“（莎剧中的半兽人）凯列班，正从他那泥泞的洞穴中钻了出来”。伊舍勋爵预言将出现“一场经过策划和预谋的粗俗的狂欢”。许多类似的令人恐惧的担忧源自英国知识分子对于美国电视的看法，他们认为后者粗俗且愚蠢。公众却无此担心，他们张开双臂欢迎商业电视。

然而，议会动用它的权力，对广告严加控制。促成英国商业电视的法案包含了若干规范，这些规范使得英国的商业电视不同于令人恐惧的美国模式。该法案特别规定，广告必须与电视节目完全分离，因此有了“广告时间”这样的说法。此外，允许播放的广告总体数量被严格限制（最初的限制是每小时仅有6分钟）。一个法定委员会将控制广告的标准，并且建立一整套准则，这些准则必须得到严格遵守。议员们认为，英国观众需要得到保护，确保他们不会遭到美国过度商业化的影响；而他们也的确作出了保护。在英国，电视广告在制作之前，其脚本必须得到批准，确保它符合法律要求的广告准则。广告在拍摄完成后，必须再次经过批准，确保广告严格根据脚本进行拍摄，没有越界情况出现。管理者对于广告规则的阐释极为严苛，广告投放者和广告代理机构都一再抱怨，这些规则的应用过于死板。但议会通过的法案以及后续的相关法案，坚持要求一丝不苟地执行这些规则。

广告标准管理局

从一开始，英国的电视广告就受到法律控制。但其他媒体的情况则大不相同。尤其是出版业在18世纪和19世纪为争取自由进行了艰苦斗争，当时的政府官员一再企图约束和限制出版的内容。这些斗争主要围绕编辑自由，但也涉及广告自由。广告投放者可以自由说出他们想说的话，只要不触犯法律。可以说，许多胆大的广告投放者将他们的自由推至极限。在19世纪中期，一些广告投放者承诺能治愈人们已知的所有疾病，甚至包括若干未知疾病。例如，“靴子里的死亡是新出现的疾病，所有穿鞋的人都将遭受威胁”，因此当人们听说“奥布莱恩的专利防水齐腰长筒套靴”可以安全治愈这种疾病，理应感到解脱。我们的美国兄弟们也不甘落后。在纽约，有位斯科特博士发明了一大批“电”器，利用了当时刚发现的电力所具有的近乎魔法的能量。其中之一是“电香烟”。另一种电器是“斯科特博士牌电石膏，一种新发明，借助电力治疗感冒，咳嗽，胸腔疼痛，神经紧张，肌肉和神经疼痛，胃、肾和肝疼痛，消化不良，疟疾，其他疼痛，风湿症，痛风和发炎”，治愈所有疾病只需“1至3个小时……如果达不到令人满意的效果，将返回购物款”。因此，事实很清楚。如果听之任之，广告投放者的言论将极力挑战事实极限，有时完全不顾事实。

由此，不可能再对广告投放者毫无约束，放任自流。1891年发生了一起具有划时代意义的案例。某位卡里尔夫人购买了一种药物，名曰“碳酸性烟雾炸弹”。广告上保证它可以防止得流感（以及其他许多疾病），否则购买者将得到100英镑的赔偿。烟雾炸弹最终爆炸了。卡里尔夫人得了流感，她起诉对方要求根据

图15 如果听之任之，广告投放者的言论将极力挑战事实极限，有时完全不顾事实

习惯法赔偿100英镑，并最终胜诉。法庭将广告视为一份合同。此后，英国于1893年通过了《货物买卖法》，在习惯法的基础上大幅度增加了消费者的民事赔偿金额。在整个20世纪，消费者针对广告投放者的法律权利得到了不断提升。

但是，对于公众来说，将犯错的广告投放者告上法庭是一件费时伤财的事，并且投诉不见得就能获胜。很快人们就意识到，公众需要得到一个更加简便、花费更少的广告控制体系的保护。甚至在二战之前，就已经出现了要求广告业进行自我清理和自我规范的呼声。1927年，英国广告协会建立了首家负责进行自我调控的全国监督委员会，一年后，又扩展成为广告行为调查部。虽然按现在的标准来说力量很弱，但广告行为调查部在清理不正当的广告从业人员方面起到了一定的作用，并且说服了广告代理不再为欺诈性的广告投放者进行宣传。在1936—1937年度的12个月里，广告行为调查部一共处理了1,169 起公众投诉。

二战之后，随着西方国家经济的复苏，从20世纪60年代起，消费者保护行动（消费者游说政府，要求改善购物标准，对消费者进行保护）迅速得到发展。1962年，英国广告管理局成立，其职责是处理消费者关于广告的投诉。但很快人们就发现，广告管理局是一只没有牙齿的老虎。它缺乏资金，人手也不足，它的权力有名无实。十多年之后的1974年，左翼领袖哈罗德·威尔逊出任英国首相。威尔逊贬低广告行为，将它视为对经济资源的浪费（当时许多经济学家也持这一态度）。1974年，广告业遭到政府警告，如果不主动对其他类型的广告加以限制，达到像电视广告一样的有效操控，政府将通过新法律，强制实行控制。我们已经看到，平面媒体天生就反感政府对媒体的控制，因此平面媒体和广告投放者立即对政府的威胁作出了反应。

1975年，改组后的广告管理局开始运作，规模比之前大了许多，资金也更为充裕。其资金募集方式是通过向广告投放者征收广告总费用的0.1%，由广告代理机构负责收缴。这一做法延续至今。在基本结构上，广告管理局独立于广告投放者所施加的压力。在广告业的合作下，经过政府批准，广告管理局制定了《广告施行法》，这些法规定期进行更新。广告管理局负责实施这些法规，在法规颁布后不久，它就露出利爪，采取一系列强硬措施打击那些误导消费者的、不诚实的广告投放者。广告管理局的公共职能和政治职能得到迅速发展，它的权力在那之后持续延伸。在20世纪90年代早期，直邮和直销被纳入广告管理局的监管范围。2004年，对电视和电台的管制也被移交给广告管理局，这与早期的情形正好相反。如今，大多数互联网广告同样在其控制之下。征收0.1%的费率听上去并不多；的确不多，但每年也能达到约一千万英镑。由此，广告管理局一百多名训练有素的员工每年能够处理超过2.5万起针对广告的公共投诉，其中通常只有不到10%的投诉经调查后证明有正当理由。

广告管理局如今被普遍视作理性的自我监管的典范，其名声不仅限于广告业内部，也波及其他行业；不仅在英国，也遍及全世界。

品牌与坏习惯

尽管广告管理局取得了成功，但它只负责处理单个广告，在一对一的基础上裁决这些广告是否违反了《广告施行法》。但是，这一体系并没有触及与整个产品类别相关的广告：比如酒类产品、高速车辆、富含脂肪的食品，或者香烟等。对整个广告行业的管理依然是政府的职责范围。

从20世纪60年代初开始，香烟一直是广告业的焦点，政治、医学和公众的注意力都集中于此。1962年3月，广告和吸烟第一次成为话题，当时皇家内科医学院发表了题为《吸烟与健康》的报告。两年后的1964年1月，美国公共卫生部部长发表了关于吸烟与健康之间关联的报告。两份报告都认为在吸烟和严重的疾病（尤其是肺癌）之间存在密切联系，并呼吁禁止针对儿童的香烟广告。在英国，这导致人们要求全面禁止电视广告。要施行这样的全面禁止很容易，因为电视广告受法律控制。禁止其他媒体上的广告需要议会立法，而政府知道出版机构将不惜一切手段进行抗争。因此，议会暂时没有处理其他媒体上的广告，但1965年8月1日，英国电视上的香烟广告被迫就此停播。当时，英国卫生部部长在议会发表了自己的看法："我很怀疑，强化（反对吸烟的）行动能造成香烟消费的大幅度下降。"他说对了：英国的吸烟人数一直在持续增加，直到20世纪70年代中期。

香烟并非唯一被禁止在电视上投放广告的产品或服务。香烟也不是唯一能合法买卖却被禁止在电视上投放广告的商品，虽然香烟广告的支持者时常这样声称。呼气测试设备、婚姻中介、算命者、殡仪业人员，甚至（在当时）包括慈善机构和赌博机构，还有政治和宗教团体，这些产品或机构都可以合法地在其他媒体发布广告，但却从一开始就被禁止在商业电视上投放广告。但将香烟视为特例，并非毫无原因。之前在英国没有发生过类似情况。香烟是一种非常受欢迎的大众消费产品，大多数人都抽烟，它为数十万人提供了工作和收入，或许这个数字可以间接地达到几百万，并且它上缴高额税收，因此为国家提供了大量资金，从而能够应对许多社会性的需求。没有证据表明，禁播电视广告会带来任何好处。通过施加禁令，政府装作履行了自己的社会责任，而实际上却只是摆出一副样子来平息各方集团的压力。事实上，禁令的效果微乎其微。在随后的数十年里，吸烟对健康的危害警告出现在包装和广告上，政府频繁开展反吸烟宣传活动，不断有新的医学报告出现，揭露吸烟的危害。最后，唯一真正能减少吸烟的措施是增加巨额税收，从而使得吸烟变得难以负担，并且禁止在公共场合吸烟。尽管如此，在电视广告禁烟令实施近半个世纪之后，英国如今依然有约一千万人坚持吸烟，占总人口的约25%。

在关于吸烟的争论背后，潜藏着电视广告对于社会行为的影响。广告禁令究竟在多大程度上实现了社会规划目标？世界各地的压力集团认为，酒类广告让人们喝得更多，汽车广告让人们加速行驶，玩具广告让儿童纠缠父母，快餐食品和糖果广告让儿童（以及成人）肥胖，瘦身广告让女孩子厌食，药品广告则让人为健康而忧郁。广告业很难否定所有这些指责，否则就显得蛮不讲理（且不说自私自利）。如果广告没有促进这些习惯和这些市场，那么为什么广告投放者还要做广告呢？

20世纪末，随着这些行业性攻击变得越来越多，越来越频繁，英国广告协会经济委员会作出反应，在调查之后出版了一份报告，题为《广告行为影响市场规模吗？》，其目标是确定，酒类品牌的广告行为是否真的让人喝得更多（或者让更多人喝酒），玩具广告是否真的让父母花费更多，或者肥皂广告是否真的让人洗得更多。和许多类似的广告研究一样，他们找不到简单的、确定性的答案。不妨从报告中引用一小段：

> 广告行为总是有可能影响特定市场的容量，但它的规模和重要性具有高度可变性。

图16 酒类广告让人们喝得更多吗?

研究显示，如果市场容量很大，已经牢固确立，稳定且满足基本需求，那么品牌广告很少增加市场（或产品所在行业）的容量。广告投放者也不会期望达到这种效果。香皂的广告投放者并不期望它们的广告能让人们洗得更多，同样宠物食品的广告投放者也不期望人们购买更多宠物，或者喂它们吃更多食品。同样，当报纸为自己进行广告宣传时，它们也不会期盼人们能读更多报纸。在所有这些例子以及无数的其他例子中，广告投放者的目的是打击竞争对手，增加自己的市场份额。这正是广告行为的目的所在，如果它能成功的话。

另一方面，在那些规模较小、新近出现或正在发展的市场（或产品所在行业）中，品牌广告看起来的确促进了增长，让更多人使用该产品，或者让已经使用该产品的人用得更多。例如，新的电器和电子产品就属于后者，新的小吃品种和消遣类产品同样如此。所发生的一切并非偶然。在这些市场里，广告投放者想要刺激市场增长，因为随着市场变大，市场内的所有品牌销售都会相应增加。

但是压力集团想要禁止广告宣传的大多数产品和实践（如酒类产品、"垃圾食品"、针对儿童的广告等）都属于前者：大型、稳定、牢固确立的市场。这就是为什么禁令不起作用的原因。有必要指出的是，当广告投放者刻意想增加大型、稳定、有品牌的产品的销量时，就像它们过去曾经为了牛奶、鸡蛋和肉类所做的那样，那些广告宣传活动同样无效。一旦整个社会在许多年甚至几个世纪的时间里对于某个特定产品有了固定看法，广告的力量就不足以使人们改变想法了。广告能够尽可能明确地销售品牌，但它在社会规划中的作用很小，如果它的确能发挥作用的话。（广告行为确实有助于减少酒后驾车，这是事实。但和吸烟的情况一样，广告行为得到了立法机构、警察、酒精测定计和无数的报刊宣传的大力支持。单凭广告行为本身根本无法做到这一点。）

第九章

广告行为在社会中的作用

“你认为广告是一种道德行为吗？”我最近向约30名研究生提出这个问题，他们都是上我的研讨课的学生，都已经在广告代理机构工作了两到三年时间。他们鸦雀无声。

最后，有个学生问道：“你所说的道德行为是什么？”

“嗯……你们是否认为广告行为真的对公众、对普通人、对街头的男男女女有益？”

那些研究生看起来很困惑。

某个人最终一边思忖一边回答：“有‘不要酒后驾车’这样的宣传活动。它对人们有益。那就是道德的。”

另一个人补充道：“还有献血广告。它们也对人有益处。还有一些慈善广告。”

“还有其他的吗？”我怀着希望继续发问。但他们的全部反应就是这些了。没有人能想到其他在他们看来可以算道德的或者说对公众（街头的男男女女）有益的广告行为。我感到极为沮丧。这是一群生气勃勃的年轻人，即将在一个在他们看来对社会毫无用处的行业度过一生。除了个别由政府和慈善机构发起的宣传活动（这些活动只占到全部广告行为的极小一部分）外，他们想不到自己所选择的职业有任何道德益处。

我们已经看到，他们并非个例。他们经过名牌大学的良好教育。大多数有教养的知识分子天生就对广告行为的各个方面持敌视态度。一些人和里思勋爵一样，对于广告行为的所有方面流露出天生的敌意。如果像里思勋爵这样的一个对广告行为极度敌视的人选择到广告业工作，那才令人吃惊。但即使不像里思勋爵那般敌视，许多广告业从业人员依然对自己的工作深感怀疑。不过无论他们自己是否对工作感到怀疑，他们很快就会习惯于来自广告业批评者的言论攻击，变得善于应对这些批评者并且回击后者，而不管他们自己是否同样质疑广告行为。

但是，他们中很少有人能驳倒这些批评，并且证明广告业是一项值得从事的、正派的事业，这种事业每天以无数的方式让普通人能从中受益。广告从业人员很善于维护自身地提出，广告很少造成伤害，但是，正如研讨课的那些研究生们所展示的那样，他们似乎无法说明广告的积极作用。但事实上广告自有益处。

我们在第一章中已经看到，广告行为涉及三个不同的群体，事实上，还得加上重要的第四方，虽然在那一章里没有提及。在本章中提及的三方架构包括：广告投放者，它们提供资金；媒体，它们得到广告投放者所提供的90%的资金；广告代理机构，它们运作广告宣传，购买媒体，并促成整个过程，它们得到剩余的10%的资金。

谁是广告行为中关键的第四方？它什么时候开始介入？第四方是普通大众，是消费者，是街头的普通男女，他们受到（或者没有受到）广告的影响。这是批评者在质疑广告的道德性质和利益时，通常最为关注的群体。但这个群体并非完全与其他群体隔离，也并非迥异于其他群体。四个群体相互重合，相互作用：他们通常是同一批人，只不过换了不同角色；他们是社会中的同一批成员，只不过涉及不同的方面。然而，要想分析它的道德性质，就必须探讨当我们都有着各自的不同角色的时候，广告行为究竟如何影响了人们，影响了我们所有人。

广告行为对雇员有益

那么，让我们从广告投放者开始吧。就社会责任而言，所涉及的广告投放者通常都是大公司。没有人会声称，大公司总是表现完美。但同样，也没有人会否认，大公司如果想长期发展下去，有两件事必须做得非常好。它们必须雇用和管理大量员工，并且它们必须赢利。因此，普通人中，绝大多数人（或者说他们的家庭中有人）受雇于主要的广告投放者。简而言之，他们从大公司（即主要的广告投放者）那里挣钱来购买食品、衣物和其他的一切。

当然，也有可能大公司花在广告上的资金没有必要，纯属浪费。在过去，有些经济学家认为，广告没有效果，因此纯属浪费资源。如今这样的经济学家已经很少了。在过去的几十年里，来自世界各地的无数的经济计量研究已经证明，广告行为自有其效果。在不同的宣传活动中，广告行为的效果也有所不同，我们在讨论英国广告从业者协会广告实效奖的时候已经了解到了这一点。但总体上，正如英国广告从业者协会广告实效奖所表明的那样，广告行为创造了需求。对于普通人这意味着什么呢？这意味着工作机会。需求创造销售，销售创造工作；没有销售，就没有工作。公司只有在消费者购买产品和服务的情况下，才能雇用人手，而这些人手反过来提供了相应的产品和服务。更多的销售意味着更多的工作。这样来表达显得有些过于简单，但大体上是真实的，任何一个商业领袖或经济学家都会证实这种说法。

而且，当他们有了工作，他们就会交税：税收为政府提供了可用于教育、医疗、法律和秩序，以及我们所看重的其他社会福利设施的开支。税收也使政府可以为所有负责提供社会福利的工作人员支付薪酬。因此，没有消费者需求就意味着没有销售，没有工作，没有税收，没有社会福利。当然，广告行为并非独力完成了这一切。但它作出了强有力的、积极的贡献：它协助推动工业的车轮持续运转。它还有助于公司赢利，公司的长期生存依赖于这些利润。我们已经看到，不同的公司、不同的广告行为所产生的确切利润各不相同。利润不仅维持公司的运作，而且也对税收作出了巨大贡献，进而带来更多的社会福利。公司利润为投资提供了资金，为未来创造了更多的工作机会，从而让工业的车轮转得更快，转得更久。因此，这是广告行为对于社会的第一个主要贡献：当人们作为雇员时，广告行为创造出了工作机会以及随之而来的所有利益。或许这解释了为什么在世界上没有广告行为的地区就不存在成功的经济体。当讨论广告的时候，必须指出大约三分之一的雇员的工作得益于观看广告并作出反应。这或许并不是关于广告行为社会责任的主要争论，但它给社会带来了巨大利益。

广告行为对媒体使用者有益

我们再回到媒体，它收到了广告投放者全部费用的约90%。这对于普通民众有什么帮助呢？首先，在英国，它为民众提供了约三分之二的广播电视节目，并且完全免费。在其他国家，比如美国，这个数字达到了100%。广告行为为互联网提供了大量资金，大多数网站可以无须额外花费或者只需要最基本的建设和运行成本。我们现在所依赖的数字媒体革命几乎是免费提供了服务，其资金来源就是广告。这是一项全新的公共福利。

但广告行为给媒体以及社会所带来的好处范围更大，影响更为深入。在英国有三千多种消费者杂志。每一种都针对特定读者群体的个人兴趣，无论这些群体是大是小。每一种杂志都得到了广告行为的大力资助，使得它的读者群体（所有街道上的所有人）都能以生产成本的很小一部分为代价购买到该杂志。调查显示，许多特殊兴趣杂志的读者发现，广告的用处和趣味至少不亚于社论文章。一些杂志只包含广告，没有所谓的社论：这充分说明，它们的读者更看重杂志所包含的广告行为。不仅杂志，其他所有的广告媒体，从电影到公共交通工具，都是如此：它们从广告行为中得到的收入降低了（即使只是有限地）它们向公众设定的作为服务回报的价格。

但我们还没有谈及媒体最重要的好处。广告行为为社会提供了开放的、具有影响力的、政治上独立的刊物。如果没有广告行为，报纸的价格将飞涨，销量将猛跌。随后价格将再次上涨。结果是什么呢？我们所拥有的多样化的、相互竞争的地方性和全国性刊物将萎缩。报纸已经承受了来自互联网的巨大压力。如果没有广告行为提供补助，许多报纸只能停刊。很荒谬的想法？一点也不。

每个国家的政治家都时常试图控制媒体。在民主国家里，他们不得不采取更具隐蔽性的方式来努力控制媒体。本书第19页已经提到，为了控制报刊，1712年英国的政治家对报纸上刊登的每份广告征收了1先令的税费。政治家的目标是，削减报纸的广告收入，使报纸变得更贵，进而迫使人们，尤其是穷人停止读报。这是用来限制报刊影响力的税种之一。广告税稳步增长，直到1853年才被废除。它达到了预期的目的，在长达近150年的时间里阻碍了英国报刊的自由发展。拥有政治自由和批评权利、不依赖任何政府资助的报刊，是个人自由最强有力的保障之一。广告行为在其中扮演了重要角色。

和广告投放者一样，没有人会声称媒体是完美的。但没有广告行为，媒体将远比现在孱弱，比现在规模更小，并且肯定会更为昂贵。公众（现在作为媒体的受众）的境遇将更为糟糕。

广告行为对全国性创造力有益

你不难想到，这是关于广告行为的辩论中争议最少的一部分。广告行为对广告代理（三方架构中最小的一方）有益，因为没有广告行为，它们就无法生存。而广告代理则是创造力的源泉。但这一关系也间接地给社会带来了好处。代理机构为许多严肃的艺术家和文字创作者提供了固定收入，使得他们可以创作自己的作品。无数的文字创作者和艺术家在成名之前都曾在代理机构工作。许多伟大的画家同时也是伟大的海报艺术家。电影导演也是如此，许多人通过拍摄广告磨炼他们的摄影技艺。广告代理机构不仅为文字创作者和艺术指导之类直接为其服务的人提供创意工作，而且也为一大批自由撰稿的创意人员提供工作机会，其中包括了摄影师、设计师、电影导演、灯光师、摄像师、演员、布景师、美工师，以及其他负责硬件生产的人员，如印刷人员、胶片制造和处理人员、展示和布景搭建人员等。总体上，这个庞大的创意网络将想法和原创性注入整个国家的创造力，促成商业和艺术领域的大量革新，整个社会从中受益良多。

而且，公众（作为审美主体）从广告代理的工作中直接受益，因为许多广告的成功之处就在于有趣、聪明、睿智、有魅力、引人注目，并且有时充满美感。早在1896年，在德国汉堡举办的一场海报展览的目录上，就有人这样写道：

艺术应该向所有人开放……不仅只针对那些有经济实力购买艺术作品的人，或者那些有空闲时间在艺术展览馆搜寻艺术作品的人……艺术必须走上街头，在那里艺术有机会引起成千上万人的注意，这些人正走在上班的路上，他们既没有时间，也没有闲钱。日常的、目的性很强的海报体现了很高的水准，只要这些海报质量够好。

这是广告行为使普通人得到好处的另一种方式。但现在我们必须转向道德问题的核心。

广告行为让公众受益

这是最需要我们慎重对待的部分。要说明广告行为让员工及其家庭（几乎是所有人）、媒体使用者（几乎是所有人）和全国性创造力（几乎涉及所有人）都受益，这相对容易做到。但当人们换到第四种身份（即消费者）时，广告行为真的对他们有帮助吗？或者，正如批评者长期以来坚持认为的那样，广告行为只是在操控他们？这里存在的一个问题是，当涉及消费者的时候，讨论"广告行为"具有误导性。消费者并不会对广告行为作出回应。他们回应的对象只是广告本身。本书一直都在强调，广告具有非常强烈的多样性。因此，消费者从中得到的益处也具有多样性。

让我们从信息开始：人们时常说，我们生活在信息社会。经济学家很早就证明，广告行为是消息的源泉。当然，公众从广告中获得了大量重要且有用的信息。

以价格为例。我们已经看到，现在最大的广告投放者中，有许多都是零售商，而零售广告中的绝大多数都在宣传低价。这些信息不仅对购物者有直接帮助，同时也间接地把价格降了下来。当一家超市宣传某些低价产品时，其他超市会迅速跟进调整它们的定价，否则它们就会失去客户。总体上，价格将下降。对于公众来说，这是笔很划算的交易。

与此同时，我们所购买的许多产品和服务的质量也不断得到了改进，即使只是微小的进步。消费者从广告中得到了这些改进的信息，并从中受益。这再次迫使竞争者通过改进它们的产品和服务质量来进行调整。这是一个持续的过程。和基于价格的广告行为一样，这刺激了竞争，因而公众能从中获益。

还有全新的产品。公众能通过众多方式了解到新产品，但最快捷、最简便的方法还是广告行为。有无数次当消费者在搜寻某个产品或服务（如新车、婴儿的生日礼物，或者消除疙瘩的药膏）时，是广告告诉他们相关的产品信息的。对于消费者来说，这都是非常有用的信息。

但还有一个大问题。公众是如何从那些包含很少信息（甚至没有信息）的广告中受益的，尤其是那些公众已经熟悉的产品或服务的广告？只含少量信息的广告包括很多品牌的广告行为，从喜力到亨氏，从家乐氏到奇巧，从宝莹到毕雷，都是如此。那么，消费者如何从那些几乎没有信息的广告中受益呢？

至少有几种方式让他们受益。首先，记忆容易出错，或者说需要不断巩固。每个人都需要被提醒他们喜欢但又时常想不起来的品牌。品牌了解度和追踪研究不断显示，一旦广告行为停止，人们总是很快忘记一个品牌。其次，市场并非静止不变。在人生经历的不同阶段，消费者的需求一直在变化。虽然他们可能在年轻的时候就知道某个品牌的存在，但他们可能直到多年后才会使用该品牌。只包括少量信息、起到巩固记忆作用的广告常常足以做到这一点。

最后，让我们回头来看参加研讨会的那些研究生。广告行为中有某些特定方面毫无疑问对社会有所帮助。大多数政府宣传活动、慈善活动和压力团队的宣传活动让公众注意到了某些值得关注的事业。近年来，广告行为的这些方面得到了发展。它们不能证明广告宣传是道德行为，但它们毫无疑问起到了应有的作用。

多样化选择的世界

如今的广告行为必须在充满多样性和不同选择的世界大背景下加以考察。在缺少选择的经济体中，不存在对于广告行为的需求。但在现代的富裕社会里，大型超市平均向购物者提供约四万种不同的产品类别，有约两千款新的车型，加上无数的耐用品、时尚用品、电器、娱乐服务、度假游玩、金融投资服务等。人们需要通过合理的方式快速、简便地理清这些选择。广告帮助他们选择他们想要的产品和服务，拒绝他们不想要的选择，避免了永远纠缠于选择，也避免了因无法抉择而发疯。

这一切都无法反驳那些反对某些广告行为的人所提出的论点。人们想要禁止烟草类或酒类广告或针对儿童的广告，这些人不会仅仅因为广告行为总体上对人们有益就被说服，并承认他们的观点有误。但反过来，无论你是否同意他们的特定看法，他们的观点不会影响宏观的广告行为。

那么，广告行为在社会中的作用是什么呢？答案如下：广告行为现在和将来都能创造就业机会；它为公众提供无数自由、廉价的媒体；它支持媒体独立；它为购物者提供大量有用的信息；它降低价格，提高质量；它让公众对所有可供选择的不同品牌保持了解；它帮助公众从现代经济体所提供的大量候选项中作出选择；并且，它以充满创意的、具有成本实效的方式做到上述大多数方面。或许所有这一切足以让这些研究生感到，如果他们真的毕生从事广告工作，他们将不虚此生。

索 引

（条目后的数字为原文页码）

D

E

F

G

H

I

N

O

P

Q

R

S

T

U

V

W

Y

Z

Winston Fletcher

ADVERTISING

A Very Short Introduction

Contents

Preface

Advertising is riddled with myths and misunderstandings. It is simultaneously believed to be both immensely powerful and immensely wasteful, to increase economic prosperity and to be morally questionable. Neither its historic origins nor its modern operations are well understood. Many of these myths and misunderstandings are almost as widespread within the advertising industry – itself something of a myth, as we shall see – as they are among the public at large. This short book, written by someone with extensive knowledge of advertising from the inside, corrects and clarifies the misunderstandings that are so common.

List of illustrations

Chapter 1
What does advertising do?

What is advertising?

Like many other commonplace words – think of art, love, and justice, for example – advertising is surprisingly hard to define with precision. First, there is the difference between advertising and advertisements: advertising is a process, advertisements are the end result of that process, but the words are often used interchangeably. Second, and perhaps more importantly, while the public uses the word 'advertising' to cover all kinds of publicity, within the advertising industry the word is used fairly specifically (though even here, confusions arise).

In this *Very Short Introduction*, I shall be using the industry definition. Within the industry, advertising is just one type of marketing communication. Other types of marketing communication that are *not* normally defined as advertising include: packaging; sales promotions (money-offs, two-for-ones, competitions, and the like); catalogues; shop windows and in-store publicity; brand placements in television programmes and films; commercial emails; brand names on clothes and other goods; public relations (brand mentions in the media); commercial websites and blogs; and telephone selling. All of these (and many others), are marketing communications, and are often used to increase the sales of things. But within the industry they are not defined as advertisements, nor as advertising.

So what exactly is an advertisement? Though it is a mite blurred at the edges, a good working definition is:

> An advertisement is a paid-for communication intended to inform and/or persuade one or more people.

Let's examine the key words in this definition.

First: '*paid-for*'. An advertisement that is not paid-for is not, strictly, an advertisement at all. If no cost whatsoever is involved then the communication may be good publicity, and it may be persuasive, but it is not technically advertising – unless it is an advertisement that has deliberately been given away free (perhaps to a charity, or something similar).

Second: '*communication*'. Every advertisement attempts to bridge a gap between the sender and the receiver. This bridge is a communication. To buy a whole page in a newspaper and leave it blank is not to advertise. Whether in words or pictures, or usually both, advertisements must communicate something to whoever sees or hears them.

Third: '*intended*'. As we shall see, particularly in Chapter 7, not all advertisements 'work' in the sense of achieving their intended aims. The fact that an advertisement does not achieve its aims does not detract from it being an advertisement. It is the intention that counts.

Fourth: '*inform and/or persuade*'. Many people, usually critics hostile to advertising, have tried to draw a distinction between *informative* advertising and *persuasive* advertising. The former is deemed to be acceptable and desirable, the latter to be less acceptable or even totally unacceptable. In reality the line between information and persuasion is impossible to draw. All the information an advertiser includes in an advertisement is intended to be persuasive (unless it is there because it is legally necessary).

But as the persuasive role of advertising is contentious, it is better to say that all advertisements aim to '*inform and/or persuade*'. However, an advertisement that aimed to have no persuasive influence whatsoever would, again, hardly be an advertisement.

Finally: '*one or more people*'. All advertisements are addressed to people. Sometimes to just one person ('*Lollipop – be my Valentine and I will be yours forever. Muscleman*'); sometimes to countless millions ('*L'Oreal. Because You're Worth It*'). When the public thinks about advertising, it almost always thinks about mass advertising, in mass media – the type of advertising on which we will concentrate in this book. But small, classified advertisements are a huge advertising sector, particularly in printed media and on the Internet, and must never be forgotten. In Britain and many other countries, over 40% of the advertising revenue of printed media comes from classifieds, though this percentage is falling sharply throughout the world, as the Internet is winning lots of classified advertising away from more traditional media.

It has been important to sort out this definition because many things that are popularly considered to be advertisements will hardly be touched upon in this book. The focus will be on mass consumer advertising in the major media – television, newspapers and magazines, posters, radio, cinema, and the Internet: in other words, what most people mean by advertising, most of the time.

What does advertising do?

Another apparently simple and boring question: surely everyone knows advertising sells things – that is its purpose, isn't it? But is it really so simple? How about *Muscleman*? What was he trying to sell to *Lollipop*? When charities advertise for funds, what are they selling? When the government advertises to stop people smoking, or drinking and driving, or to give blood, what are they selling? When the army, or the NHS, or any business, advertises to recruit people, what are they selling? In every case, the advertisements

1. What are they selling?

are intended to '*inform and/or persuade*', so they fall squarely within our definition. But are they really *selling* things?

This leads to a fundamental feature of advertising which many people find difficult to grasp. Advertising is not a homogeneous entity. (That is why it is so hard to define with precision.) It covers a multitude of diverse types of communication, with equally diverse objectives. Most advertisements, it is true, aim to sell goods and services. But not all do. And even those that do, aim to achieve sales in a host of varying ways. Advertisements are like the bits and pieces in a kaleidoscope. Together they appear to make a unified pattern – but in reality each one of them is likely to be quite different from the others.

Everyone who works in advertising gets used to outsiders asking: 'What makes an advertising campaign successful? What is the secret of effective advertising?' – or something very similar. The question implies there must be some kind of 'Golden Key', which advertisers can use to unlock the secret of producing advertising that works. But there is no Golden Key – and there is no single answer to the question 'What makes an advertising campaign successful?' (Though the people who ask it are nearly always keen to proffer an answer of their own, which is why they ask the question in the first place.)

There could never be a Golden Key, because even campaigns that are specifically intended to sell things do so in a multitude of different ways, with a multitude of different immediate objectives. Here are ten common ones, used by different advertisers at different times for different products and brands (we will look closely at the difference between a 'product' and a 'brand' in Chapter 3). The list is not comprehensive, and could never be, as advertisers are constantly inventing new objectives. However, a campaign may be intended to:

- launch a completely new brand;
- launch a new product into an existing brand – a 'line extension';
- promote an improvement to an existing brand;

- make people who have not heard of a brand become aware of it;
- persuade people who know of a brand but haven't tried it to try it;
- persuade ex-users of a brand to try it again;
- persuade current users to use it more often;
- persuade current users to try using it in different ways;
- persuade a different target market – younger or wealthier perhaps – to use the brand;
- persuade retailers to stock the brand, so people can easily buy it.

These varying objectives demand varied messages, and so demand an almost infinite variety of advertising approaches.

Many textbooks argue that it is vital to define the single objective of any campaign with precision, and in detail, before running a campaign. Advertising that tries to be all things to all people, they argue, always fails.

Well it is certainly essential to define the objectives of any campaign with precision, and in detail – but a campaign may well have more than one single objective, as long as the different objectives are consistent with each other and are in no way mutually contradictory. Indeed, recent research has shown that most successful campaigns have, on average, approximately two-and-a-half overlapping objectives, for example 'To build awareness among affluent prospective customers of an exclusive new brand which they will find only in top-quality retailers'. (That particular objective includes no fewer than four overlapping objectives – to build awareness/among affluent customers/of an exclusive brand/only available in top-quality retailers – and all of them are essential to achieve the brand's entire goal.)

The advertising strategy

The objectives of any campaign will be spelled out in a crucial document generally called the *advertising strategy*. This is a key blueprint in the creation of new campaigns, and we will return to it frequently throughout the book. Different advertisers and their agencies give it different names, but its purposes are always the same: to define the objectives of the advertising campaign, and to ensure everyone involved in producing the campaign knows exactly what these are. This will ensure that they all (many of them highly paid creative people) waste no time developing ideas that are irrelevant or are not what is required.

To achieve these purposes, the advertising strategy will have a raft of subheadings and boxes which must be completed before any work on the campaign goes ahead. These subheadings/boxes will precisely define the blueprint of the campaign. They will include the campaign's objectives; facts about the brand that show the objectives to be realistic; the brand's competitors, with details of their advertising and marketing campaigns; a summary of any relevant market research – saying why consumers use the brand, and why they do not; the message the campaign must communicate, and the tone in which it must be communicated; which media are likely to be used for the campaign; the budgets available both for the preparation of the advertisements and for the media campaign; a timescale for both the preparation of the advertisements and for the duration of the media campaign when it runs; any other details felt to be important to the campaign in question; and, particularly, the *target market* at which the campaign will aim.

Many of these important headings will be expanded upon in the chapters that follow. But because of its crucial importance, let us start with the last first: the *target market*.

What is a target market?

The two most important facts about an advertising campaign are the brand itself – that is, the product or service being advertised – and its potential purchasers, its target market. You might think the former to be far more important than the latter, and this would undoubtedly have been the view in years gone by. But today the two are seen to be symbiotic: the brand and its target market are inextricably entwined.

How come? There are three factors involved. First, the ever-burgeoning diversity of products and services in every field means that even the largest, most popular brands are used only by minority segments of the population. Even a massive supermarket chain like Tesco is used regularly by only about one-third of the British population. So advertisers need to find out everything they possibly can about the exact segment of the population they are targeting. Second, the growth of market research allows advertisers to know who their potential customers are with much greater precision than used to be the case. And third, media audiences are themselves now so segmented it is essential to specify the target market in order to advertise in the media which will reach them most

2. Even a massive retail chain like Tesco is used regularly by only about one-third of the British population

cost-effectively. The days when one advertisement in a single newspaper like the *News of the World* (in 1948, the *News of the World* reached a world-record sale of 8,000,000 copies weekly), or on a single channel like ITV, could reach more than 50% of the British population are long gone. (Today, even with mass media like television, different types of people watch different channels, different programmes, and at different times of day: there is no point in advertising to busy business people, on a channel they do not watch, in the middle of the afternoon, for example.)

The outcome of these three factors has been that products and services are no longer designed and formulated for 100% of the population. They are designed for specific target markets: clearly defined population sectors, large and small. This is the basis of the symbiosis between the brand and its target market.

LATE LONDON EDITION

Cadbury

NEWS OF THE WORLD

HP SAUCE

SUNDAY, APRIL 4, 1948

PRICE TWOPENCE

GEN. CLAY CHALLENGES RUSSIANS IN BERLIN

Call To Remove Armed Sentries From Rail H.Q.: Protest Ignored

BERLIN, Saturday.

GENERAL CLAY, the United States Military Governor in Germany, to-night requested the Soviet authorities to take immediate steps to remove their armed sentries from the headquarters of the Soviet zone railway system in the American sector.

Earlier the general had demanded, in effect, that the Russians permit the free entry of supply trains into Berlin before he would consider raising the "siege" under which he had put the Soviet railway control building.

The American guard was placed round the building—an "island" in the United States sector—because the Russians had sent armed troops there by night.

All Russians were prevented from entering. Eventually a protest was sent to the American authorities by General Kotikov, the Russian commandant in Berlin.

General Clay's request to the Russians to remove their armed troops is the latest move.

General Petroff, commander of railways for the Russian zone, is virtually trapped in the building. He knows that if he leaves he will not be allowed to re-enter.

AS TRUMAN SIGNS AID CARGOES GET UNDER WAY

U.S. AIR ARMADA FOR ALASKA

Police Probe In Dead Jockey Case

Expert Evidence May Be Called At Inquest

By Our Crime Reporter

DONCASTER, Saturday.

M.P. Knocked Out In Street And Robbed

GUARD ON A JUDGE'S HOUSE

Full Inquiry Into 'Starving Boy' Case

THE CHANCELLOR'S SECRET.

The Killer They Cannot Hang

Saved From Scaffold By Self-Inflicted Injury

LATE last evening the following official statement was circulated by the Home Office:—

"The Home Secretary has recommended a reprieve for William John Gray, who was sentenced to death at Hampshire Assizes, Winchester, on March 16, for the murder of his wife.

"After shooting her Gray shot himself, fracturing his jaw. Medical examination shows that the injuries to the prisoner's jaw are of such a character as to make it impracticable to carry out the execution."

Mrs. Una Gray, the murdered wife.

'What A Day!' Says Trainer Of 25-1 Winner

3. In 1948, the *News of the World* reached a world record sale of 8,000,000 copies weekly

To analyse and understand their target markets, all major advertisers nowadays carry out considerable market research, honed to their own particular needs. But there are also sizable syndicated surveys available, which are continuous, and which anyone can obtain under contract. Of these, probably the most important is the *Target Group Index* (TGI). TGI was launched in Britain in 1969, but it is now a global research operation run in over 50 countries by Kantar Market Research, a subsidiary of WPP, one of the world's largest marketing services conglomerates.

TGI today carries out over 700,000 annual interviews in the countries where it operates, and it identifies the detailed demographic profiles of the users of over 4,000 brands in more than 500 product fields. It will identify their age, class, sex, marital status, working status, education, regional habitation, media consumption, and social activities. But TGI goes much further. It analyses each brand's frequency of use: do its consumers use the brand often ('heavy users') or infrequently ('light users')? It analyses consumers' opinions and attitudes to 250 questions covering health, holidays, finance, the environment, and many other subjects, correlating this invaluable psychographic and personality data with brand usage. TGI collects and provides all this data because it knows it to be the information advertisers, media, and agencies (its own target markets) will require in order to learn as much as possible about *their* target markets.

The TGI data helps advertisers and their agencies identify those consumers who are potentially the most likely sources of sales: the target market. But it will also reveal the target market's attitudes to the brand. What do consumers want from the brand, and what do they not want? This again reflects the symbiotic relationship between the brand and its target market. The brand only exists to provide its target market with what it wants. So let us now explore what consumers want from their brands.

What do customers want from their brands? Facts or images?

Yet another seemingly simple and silly question, you may feel! Surely people just want the things they buy to do what they say they are going to do, efficiently and reliably: to be 'fit for purpose', as consumer protection laws state.

Not quite. Another effect of the symbiosis between brands and their target markets has been a shift of emphasis away from product formulations, and towards *end-benefits*. Put simply, people do not buy drills because they want drills, they buy drills because they want holes. Unless you are a metallurgist, when you buy a drill its metallic specification will be unimportant to you. You don't care about its metallic specification – you just need some holes. It is astonishing how often policymakers fail to grasp this vital fact. Take a look at a petfood pack, for example. Petfood manufacturers are legally required to publish exact ingredient specifications on their packs – though pet owners care only about the end-benefits: that their pets will enjoy the petfood and will stay healthy. The detailed specifications mean nothing to them.

And because human beings (and pets) vary, the end-benefits which different groups of people require from similar products inevitably vary too. So the different groups comprise different target markets. And advertising campaigns will need to promote the differing end-benefits that each of the target markets requires.

Naturally advertisers have always appreciated that different people want different things, and that people buy goods for the benefits they provide. But if you look at any book of 19th-century advertisements – try Leonard de Vries's excellent *Victorian Advertisements*, for example – you will quickly see that in those days almost all advertisements concentrated on the product itself and how it functioned. Today most advertising campaigns concentrate on end-benefits. Product ingredients and formulations will only be mentioned to back up and justify the end-benefits the product provides.

And – especially in an affluent society – the benefits that consumers want from products are not only factual and functional. Consumers want and expect psychological and emotional, as well as functional, end-benefits from the goods they buy. Yes, they want them to function properly, to be 'fit for purpose', that goes without saying. But they also want their purchases to make them feel good, in any number of ways. In advertising terms, they want the *brand image* to be right for them. The *brand image* is the halo of feelings and emotions that brands inspire. Consumers may want the image of a brand they buy to make them feel more glamorous, or younger, or cleverer, or in-the-know. They may want their brand's image to make them feel more masculine, or feminine, or more healthy, or a more sensible shopper, or a better parent, or more ecologically conscientious. And these brand image benefits will be crucial to their buying choices.

So the advertising campaign must take account of such emotive benefits – and, once again, these will vary for different target markets. The advertising strategy will define what the target market's emotive requirements are. And nowadays, in many product fields, it is customers' psychological and emotive needs, as much as their functional needs, which a brand and its advertising must cater for. There is clear research evidence that 'emotional' advertisements are, on average, more effective than unembellished factual advertisements. This is particularly true in those markets – unlike drills – where brand imagery is crucial to consumers, markets as diverse as automobiles, airlines, and alcohol; clothes, cosmetics, and carbonated drinks.

None of this is as new as critics of modern advertising contend. It is clear that since earliest history, human beings have been well aware of the imagery – 'the emotional baggage' – of the products and clothes they own and display. But equally, none of this is a charter to produce emotional advertisements that disregard the product itself. It is absolutely vital for a brand's image to be consistent with its functional benefits, and vice versa. Cynics contend that a clever advertising campaign can make the public think whatever the advertiser wants them to think about a brand. Not so. No matter how clever it is, advertising cannot make consumers think a weak beer is strong, or a sweet wine is dry – or a blunt drill will make good holes. Clever (but foolish) advertising may persuade consumers to buy the product once, but they will then quickly discover they have been cheated. The functional and the image benefits that a brand offers, which the advertising must aim to communicate, must interlock as tightly as pieces in a wooden jigsaw. If the pieces do not fit together perfectly, consumers will find the brand confusing, therefore unacceptable, and ultimately self-defeating. It would be akin to an ineffectual leader puffing himself up like a great emperor and then failing to win a battle.

Finally in this section, it is essential to keep in mind the diversity of advertisers and advertising, already emphasized. Most of the above, for simplicity's sake, has related to the advertising of products: goods rather than services. But in most affluent countries, services today account for a major percentage of the gross national product. Indeed, the value of the service sector is now often larger than that of the product sector. In Britain, for example, the service sector accounts for some two-thirds of the economy: retailers, entertainment, financial services, travel, and tourism are huge sectors, and huge advertisers (see table on page 33). Everything written about goods in the paragraphs above applies equally to services. It is just as important to define the service's target market (and TGI covers all major services, as well as products); to define the end-benefits the service offers; to blend factual benefits with emotional benefits; and to communicate the desired brand image. The symbiosis between brand and target market is fundamental in all modern advertising, whatever is being advertised.

How are all these decisions taken?

The brief and truthful answer is: with great difficulty.

John Hobson, one of the most thoughtful and analytical British advertising men of the 20th century, who founded one of the era's most successful advertising agencies in 1955, said:

> In advertising there are always dozens of ways of doing any job. We consider them all and then test and test and test until we get the right one.

But in the decades since 1955, myriads of campaigns have been tried – and some did the business, while others were found lacking. At the same time, advertisers have carried out literally countless market research studies. This all means that the 'dozens of ways of doing any job' can usually be whittled down in advance, if all the relevant information is carefully studied and analysed. Today the prime responsibility for studying and analysing this information falls to people who are called *account planners*.

Though account planning is now practised globally, it did not come into existence until around 1970, when two London advertising agencies developed it almost simultaneously. The two agencies were J Walter Thomson London, the UK subsidiary of the giant JWT American agency, now owned by the WPP conglomerate; and a then infant British agency called Boase Massimi Pollitt, founded in May 1968. The name 'account planning' came from J Walter Thomson London, and the two agencies developed the system in slightly different ways. Other agencies have since made their own small adjustments, but the fundamentals of the system are universal.

The account planning system demands that an account planner – an analytical researcher – is assigned by the advertising agency to every client. The account planner is not a backroom boffin, as researchers in advertising agencies used to be, but personally represents the agency to its clients at meetings, up front. The account planner will analyse all the available data about the brand to be advertised: sales trends, past research, past campaign results, competitors' activity, consumers' attitudes – everything mentioned above in connection with the advertising strategy blueprint. Having analysed all the data, account planners are then responsible for developing and drafting the detailed advertising strategy: what are the aims and targets of the advertising, how will it achieve them? All of this will need to be agreed by the planner's colleagues in the agency, and then by the client.

With the abundance of data now available, transmuting it all into an effective advertising strategy is not easy. The account planner needs to be highly computer literate and needs skill, experience, and insight to study masses of research and sales information, boil it all down to a few key conclusions, and deduce from these exactly what the advertising campaign must communicate, and to which target market. Simplistic, cliched conclusions and objectives are useless. If the account planner can say nothing more than that the brand is better than its competitors, and the campaign must persuade the public of this fact, the resulting advertising campaign is likely to be bland to the point of tedium. The planner must be much sharper and go far deeper. What are the brand's real functional and emotional strengths and weaknesses; in which respects is the brand better (or worse) than its competitors? How can all this be persuasively communicated? Which target market, or target markets, must be persuaded? Which arguments – both rational and emotional – should be deployed to persuade them? Talented account planners will put flesh on the bare bones of the data, and make the advertising strategy inspiring and exciting to those who will have to put it into effect. (Unsurprisingly, the best account planners are nowadays highly rewarded – and incidentally, a high percentage of them are female.) Only at this point will the agency's creative teams and the media specialists go to their starting blocks and prepare to get the campaign moving.

The next part of the account planner's task is still more difficult. Once the draft advertising strategy has been agreed, and put into action, it will be the account planner's responsibility to ensure that the resulting campaign meets the strategy's stated objectives. However, we would be jumping too far ahead of ourselves to deal with this process now: we will see how it works in Chapter 7.

First, we must ourselves now do some basic investigation, into the history of advertising, to show how and why it has developed in the ways it has. It is a complex and unusual industry with many separate parts, and to understand how advertising works it is essential to disentangle why it is so split up, and to define what the separate parts do.

Chapter 2
How the advertising industry is structured

Look back in wonder

Like most people, you probably believe advertising is a relatively modern phenomenon – perhaps a century or two old – and that it was invented in America. Both are twaddle.

Advertising shop signs existed some 6,000 years ago, and were common in Rome and throughout the ancient world. But it was the classical Athenians who can probably lay claim to the invention of commercial advertising as we know it today. In Athens, town criers, chosen for their mellifluous voices and clear elocution, strolled through the streets making public proclamations, and interrupted their proclamations with paid-for advertisements (just as advertisements interrupt television newscasts today). Aesclyptoe, an early Athenian cosmetician, used town criers to promote his lotions and potions with consummate professionalism:

> For eyes that are shining, for cheeks like the dawn,
> For beauty that lasts after girlhood has gone,
> For prices in reason the women who know
> Now buy their cosmetics from Aesclyptoe.

This 'jingle' – it was probably sung – could have sprung yesterday from a highly paid London or New York copywriter's laptop.

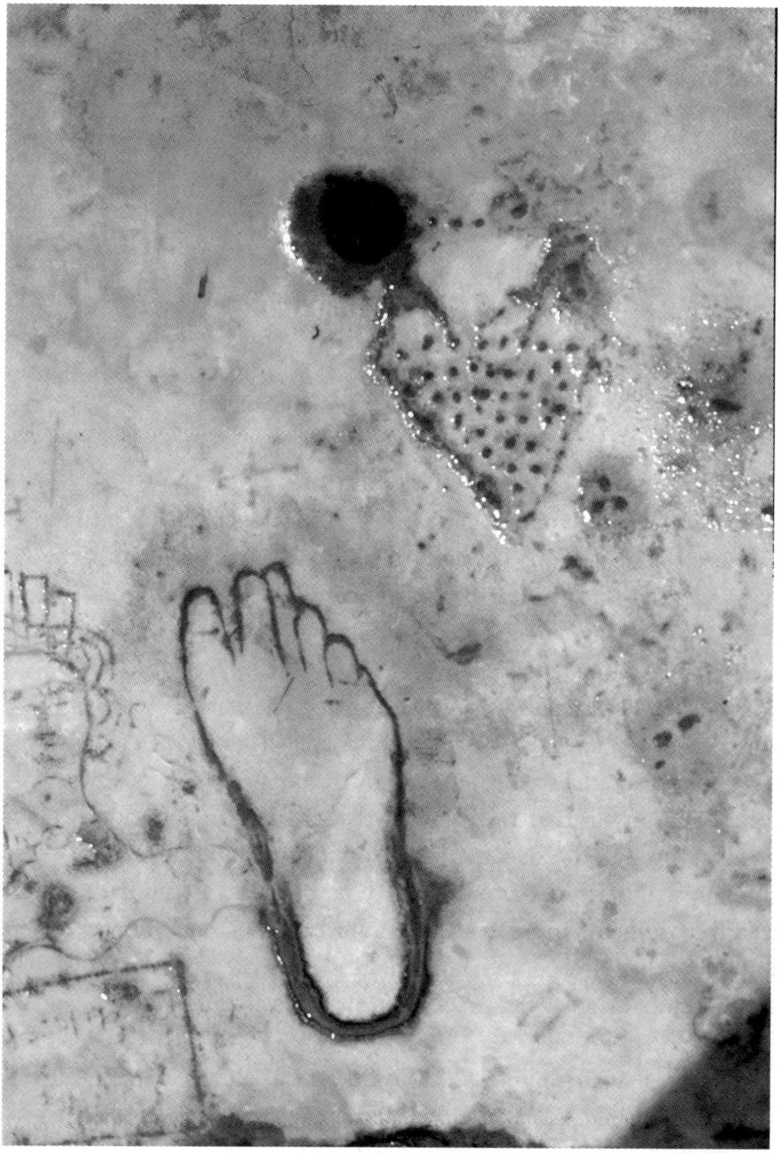

4. A Roman advertisement for a brothel

Following the Athenians, advertising burgeoned in Rome, Herculaneum, and Pompeii, where prostitutes' ads can still be seen carved into the stonework of the once buried city. Thus was one of the world's oldest professions linked with another of the world's oldest professions from the start.

During the 'dark ages' after the fall of the Roman Empire, advertising appears to have disappeared. Then it reappeared, in Britain and France during the 13th century, again being sung by town criers. Printed advertising followed hard upon Gutenberg's invention of the printing press in Germany in about 1450. The first known printed advertisement in English was published in 1477, printed by William Caxton, who had brought printing to Britain a few years earlier. By the start of the 17th century, advertising was already so common that in 1712 the British government introduced a tax of one shilling (a sizable sum) on every advertisement published in a newspaper. But this tax did little to restrain advertising's growth. In 1759, the great lexicographer Dr Samuel Johnson wrote: 'Advertisements are now so numerous they are very negligently perused.' An opinion many people express to this day, without realizing its centuries-old ancestry.

The government's 1712 tax was not repealed until 1853, by which time just under two million newspaper advertisements were being taxed annually. At the same time, a vast number of advertisements were appearing in 'illegal' publications, which were not registered for the tax, plus legal and illegal posters and billboards, and handbills which were pushed into people's fingers as they walked about the streets, along with a galaxy of invented advertising ideas, many of them entertainingly eccentric (one company devised a way to shoot advertisements into people's gardens with a gun). Unsurprisingly, people began complaining, as they have complained ever since, that there was far too much advertising, and that something needed to be done about it. Little was.

5. In 1759, Dr Samuel Johnson wrote 'Advertisements are now so numerous they are very negligently perused.'

Initially advertisements were entirely text, without illustration, and were generally written by the merchant himself. But by the end of the 18th century, specialists in advertisement writing began to appear, as did illustrations. These were produced by people calling themselves 'advertising agents', because they not only wrote and illustrated the advertisements, they also acted as sales agents for the media, selling advertising space to the merchants. Almost certainly the first advertising agent in Britain – and in the world – was William Taylor, who so described himself in an advertisement for his services in 1786. (It is often claimed that the American Volney B. Palmer set up the first advertising agency in 1842 in Philadelphia, but Taylor predated him in London by more than half a century.) And the great essayist Charles Lamb was an early freelance copywriter, raking in a little extra cash by writing advertisements for his friend, the advertising agent James White, during the early 1800s.

The basic three-part structure of the advertising industry in Britain – later to spread throughout the world – was thus established: advertisers, who bought space for their advertisements; media, who sold the space; and agencies, who were middlemen – selling space on behalf of the media, and creating advertisements for the advertisers.

The advertising tripartite

'The advertising industry does not exist', my first boss used to quip. He was not, as you may be thinking, saying that advertising people are not industrious: as in all industries, some are and some are not. He was saying that there is no such entity as the advertising industry. What people call the advertising industry is an amorphous patchwork of different companies and specializations, broadly divisible into its three basic sectors – usually called the 'advertising tripartite'. Though other ways of organizing advertising have been tried over the years, the 'advertising tripartite' structure is now the basis of advertising industries throughout the world, and may be assumed to be the best and most functional way to organize the creation and production of advertising campaigns.

As in the 19th century, the three legs of the advertising tripartite are the advertisers, the media, and the advertising agencies. Let us consider each in turn.

First, the advertisers: retailers, manufacturers, finance companies, charities, governments, loving suitors like *Muscleman*, and countless others. They pay for all the advertising, but advertising is not their principal activity. For them, advertising is a means to an end. It is, as we saw earlier, one of the numerous means of marketing communication. For many, it will be their *main* means of marketing communication, on which they spend considerable sums of money. These will generally be advertisers selling high-volume famous brands to the general public: brands like Coca-Cola, Sony, L'Oreal, Toyota, Tesco, British Airways, and tens of thousands more. Because their target markets are large, they will use mass media to reach them, and advertising in mass media is expensive. But for other advertisers, advertising will be a far smaller component in their marketing communications mix. These will generally be advertisers addressing relatively small, tightly defined target markets. Advertisers in this group will include businesses selling to other businesses rather than to the public; or selling to hobbyists who read specialist hobby magazines and visit specialist websites; or selling to people from a narrow demographic sector like the very old, or the very rich, or owners of unusual pets; or selling to residents in a particular locality, in which the advertiser trades.

Big or small, advertisers are the driving force of the advertising industry. They are the paymasters, they call the tunes, and they want to see results. Yet almost nobody who works for an advertiser thinks of themselves as working 'in advertising'. They work, say, in carbonated drinks (Coca-Cola), or in consumer electronics (Sony), or in toiletries and cosmetics (L'Oreal), or in the automobile industry (Toyota), or in retailing (Tesco), or in travel (British Airways). Within each of those large organizations, there will be people who work full-time, or almost full-time, on their company's advertising. But in a few months or years these people may well be moved to another department within the company. Advertising is, perhaps temporarily, a key part of their professionalism, but it is not their profession. They do not think of themselves as being part of 'the advertising industry'.

The same is largely true of the second leg of the advertising tripartite, the media. The media – in particular, television, print, posters, radio, cinema, and the Internet – carry and publish advertisements in return for advertisers' money. Today the media receive approximately 90% of all the money the advertisers spend. In the past, the media received 85%, and the remaining 15% went to advertising agencies as a fixed-rate commission. Nowadays, that fixed-rate commission system is virtually obsolete. The exact percentages the media receive, and the agencies get paid, are subject to negotiation – but on average, agencies get about 10%, rather than 15%, of the total, and the media receive the rest.

Television, radio, cinema, and posters carry, almost exclusively, display advertising. Print media and the Internet carry a mixture of display and classified advertising. This is an important distinction. First, because approximately 40% of print media's advertising revenue comes from classifieds (though much of this is migrating to the Internet, a key medium for classified advertising). But second, and more importantly, grasping the different ways in which classified and display advertisements work is crucial to an understanding of how advertising works. Put simply, there are advertisements which people look for (classifieds), and advertisements which look for people (display). Display advertisements are necessarily intrusive, because they must catch the attention of people not initially interested in their messages; classified advertisements are not intrusive, because they rely on people perusing them for items they are consciously searching for.

Television, radio, posters, and cinema are, by their very nature as media, unsuitable for classified advertising (though 'Teletext' is a subcategory of classified). This partly explains why the arrival of television in the 1950s did not decimate print media in the way many people had predicted: the print media were buoyed up by the revenue from their classifieds. Equally, it is because the Internet is so especially good as a search medium that it has seriously bitten into the classified advertising revenues of print media in the 21st century.

Most mass media would not exist if they did not receive hefty revenues from advertising. The only exceptions are public service media like the BBC, wholly funded by the state, and paid for by governments in various ways around the world. These government-funded media comprise but a small fraction of the total international media scene. Nonetheless, media that depend on advertising funding, the vast majority of media, do not think of themselves as being part of the 'advertising industry' either. They see themselves as purveyors of news, information, and entertainment. They carry advertisements to subsidize all this, so they can provide cheap or even free media services. Within most media, there is a rigorous separation between the advertising and the editorial operations, and this is the way the editorial people (and probably the public) prefer it. So that although the advertisers and the media are far and away the largest sectors of the advertising tripartite, for neither of them is advertising 'their industry'.

The third leg of the advertising tripartite is the sector that produces the advertising campaigns: the advertising agencies. Advertising agencies create the advertisements, and on behalf of their clients they buy the space and time in the media, where the advertisements appear. The agencies are much the smallest sector of the advertising tripartite, but are the only sector that wholly relies on advertising for their living. It is this sector most people think of when they talk about people who work 'in advertising'. Certainly everyone who works in an agency (unlike those who work for an advertiser or for the media) will say they work in advertising. In the UK, agencies employ about 20,000 people – far fewer than are employed by advertisers, or by the media. The same is true, proportionately, in every country.

Until the 1970s, agencies did much more than just create advertisements and buy media for their clients. They handled almost every aspect of their clients' marketing communications. They employed far more people than they do today, and because they did many different things, they were called 'full-service' agencies. But during the 1970s things changed completely.

The demise of full-service agencies

As their name implies, from their inception advertising agents were paid commission by the media for bringing them business. But this commission level varied, and was highly competitive. Publications that found it hard to get advertising might pay agents as much as 30% for bringing them business; other agents, operating in better established areas, might be paid as little as 2% or 3%. Before 1914, the R. F. White agency handled all British government advertising for just 2½% commission. But the most common level of commission hovered around 15%.

During the first half of the 20th century, in almost all countries, the 15% commission level became the standard fixed rate of payment for agencies. In return for this fairly generous commission level, agencies were required by the media to be principals-at-law, legally responsible for paying the media even when their clients defaulted. Agencies were not permitted to rebate any part of the commission to their clients, and agencies were responsible for creating and delivering to the media their clients' advertisements. Agencies only received 15% commission if they were 'recognized' by the media, and agreed to the media's terms of business. In practice, the 15% commission system was a fixed-price closed shop. Though it was not surreptitious, and certainly not then illegal, the entire system was, in a way, a genteel conspiracy to rip off the advertisers. And in most countries it held supreme for more than half a century, moulding and shaping the structure of advertising agencies, and of the advertising industry, until the late 1970s.

Forbidden by the media to rebate commissions to their clients, agencies could not compete with each other on price, and so competed by offering their clients more and more ancillary services (not to mention generous entertainments). By the 1920s, creative and media-buying services were universally accepted as core advertising agency activities. But agencies then began to offer their clients an abundance of additional services which were not intrinsically advertising at all (though most of them were forms of marketing communication). Hence 'recognized' agencies became known, and liked to be known, as 'full-service' – they provided all the marketing services a client could want.

Though it is unlikely any one agency would have provided all of these at any one time, the raft of services advertising agencies then offered included:

- direct mail marketing
- door-to-door distribution
- home economist consultants
- in-store merchandising
- market research
- new product development
- package design
- poster site inspection
- product sample distribution
- public and press relations
- sales conference organization
- sales promotion
- trade exhibitions

Recognized agencies provided these and other services to their clients at cut prices: the agencies viewed them as loss-leaders, designed to help them hold on to their clients' business rather than to make additional profit. This was possible because the agencies were already making fat profits from their 15% commissions, which not only covered the cost of creating advertisements and buying media space, it subsidized the cost of these additional marketing services. But all this could not last. Two new developments cracked the cosy traditional system.

First, and in the long run most fundamentally, the leading specialists who worked in agencies and supplied most of the marketing services listed above broke away and set up their own specialist companies. Within agencies they had always been patronized, looked down upon by the advertising specialists, who correctly felt that they themselves were the agencies' *raison d' tre.* But as new forms of marketing communication grew both in size and in complexity, the specialists who were really good at them left and launched their own businesses, to which many clients quickly gravitated. And agencies could not compete because they had long offered such services to their clients as loss-leaders, at cut prices, and their clients were unwilling to pay them more. Doubly unwilling when they realized the best practitioners of these services were leaving the advertising agencies to set up on their own.

Unlike the other marketing services, media buying had not been a loss-leader. Media buying had always been a core agency service. Nonetheless, the people who worked in media buying were, like the marketing services people, patronized by the advertising creative people, and were paid far less than the creative people. They did not like it. Media buying too was becoming big business, complex and highly specialized. So in the 1980s the best media buyers also broke away from the 'full-service' agencies and set up their own specialist shops. And again – initially with some hesitation – many clients followed them.

Second, at the same time governments, particularly in the UK and Europe, began to view the traditional 15% fixed-rate commission system as unacceptably anti-competitive. In Britain in 1976, the Office of Fair Trading ruled that the agency recognition and 15% commission system run by the media was in restraint of trade: illegal. The fixed-rate commission system swiftly disintegrated, and the 'full-service' agencies swiftly disintegrated with it, splitting into their constituent parts. Today almost all the old full-service agency functions are handled by specialist companies. Today the agencies which create and produce advertisements do little else, and are always called 'creative agencies'. The specialists who do little but plan and buy media are called 'media agencies'. Both types of agency are supported by 'planners', who help them carry out their roles. But even the planners are specialists.

Paradoxically perhaps, these developments have not been nearly so thoroughgoing in small agencies which work for small advertisers. Many of these smaller agencies are still 'full service', because they can only operate profitably by providing a bundle of services to their small clients, and their clients do not wish to pay the high fees the specialists charge.

And simultaneously a new animal has appeared in the advertising jungle: the marketing services conglomerate. These are generally mammoth, international holding companies. They own 'creative agencies' and 'media agencies', and numerous other types of marketing communications company – market research, public relations, package design, conference organization, marketing consultancy, and so on – throughout the world. And they keep all the different specialists in separate silos. The six largest holding companies, each of which employs tens of thousands of staff around the globe, are currently Omnicom (USA), WPP (UK), Interpublic (USA), Publicis (France), Dentsu (Japan), and Havas (France). These companies are often called 'advertising agencies'. This is a complete misnomer. Advertising is only one of the many marketing services their numerous subsidiaries provide, and nowadays rarely the dominant one.

The digital revolution

It might be thought that the separation of creative and media agencies would have converted the advertising tripartite into an advertising quadrapartite: advertisers, media, creative agencies, and media agencies. But while these changes were still being digested, at the end of the 20th century a completely new dynamic entered the advertising world: digital – and particularly Internet – advertising.

Throughout the world, the Internet has swiftly become a major advertising medium. Global Internet advertising expenditure has rocketed from $9 billion in 2002 to approximately $70 billion by 2011. This has provided both the creative and the media agencies with new opportunities – and new headaches. Neither the creation of Internet advertisements, nor the buying of space on the Internet, are done in quite the same ways creativity and media buying were done in the past. Agencies and clients have responded in two opposing ways. On the one hand, highly specialized new digital agencies have been launched; on the other

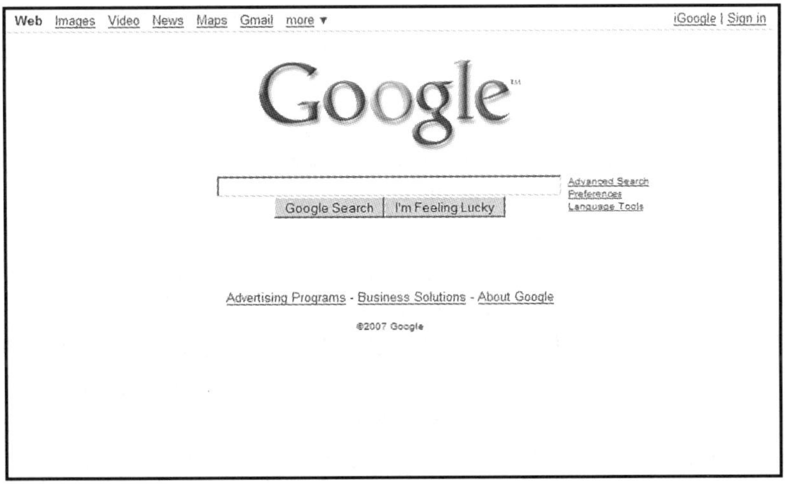

6. Global Internet advertising rocketed from $9 billion in 2002 to approximately $70 billion by 2011

hand, many established creative agencies and media agencies have set up digital 'departments', often as subsidiary companies, to handle their clients' digital advertising requirements. The jury is still out on whether digital advertising is best handled completely independently, by its own specialists, or best handled within established agencies, where it can be more easily integrated.

The old 15% commission and recognition structure had given the media disproportionate power in the advertising process. Though agencies were appointed by advertisers to handle their advertising, the agencies could not trade unless they were 'recognized' by the media. They had to face both ways, answering to both advertisers and media. Today all the different types of agency are paid directly by advertisers. The advertisers negotiate their fees, almost always based on the agency's time costs, determined by time sheets completed by agency staff. The fee negotiations are increasingly handled by the advertisers' purchasing departments: advertising and marketing services are bought like any other commodity. As mentioned, in total their fees approximate to around 10% of the advertisers' expenditure, a hefty saving of one-third against the old 15%. But, it must be remembered, advertisers buy all their other marketing communications services from other independent specialists. It seems most unlikely that they save money, overall.

The large marketing communications conglomerates, like WPP and Omnicom, try to sell to their clients bundles of the different services they provide. Their clients rarely buy into this proposition. They prefer to choose and appoint all their marketing communications suppliers independently and separately. The clients then require them all to work together, to maximize the effectiveness of their campaigns. Sometimes lines get crossed, and the various independent companies do not work together all that well. But there is no confusion about who is in charge of the show: the advertisers write the cheques, and they crack the whip. So we must now turn to the advertisers, and analyse them and the ways in which they operate in more detail.

Chapter 3
Advertisers: the paymasters

Why do advertisers advertise?

The first and most important decision any advertiser makes is ... to advertise. Many people think large companies have no choice but to advertise. This is simply wrong. Many of the world's largest businesses – especially heavy industrial businesses like steel manufacturers or shipbuilders – do no advertising at all, or so little it hardly counts. They normally have no need to communicate with the public at large, and they have so few key customers they can reach them personally. Some other large companies, of which Google is perhaps the most famous example, get their name and what they offer across to the public in other ways than by advertising, usually 'word of mouth' recommendation. Nowadays this is often called 'viral marketing'. Viral marketing tends to be most successful when a business is relatively young and newsworthy: even Google had to start to advertise, using traditional media, in 2009. (Similarly, Virgin did little advertising in its early days, but is now a big advertising spender.)

Other businesses do not advertise themselves because they have no need to, but do advertise their output – movie companies and book publishers are good examples. With a few exceptions, the public neither knows nor cares which movie company made a particular movie or which publisher published a particular book:

they only want to know about the content of the film or book, and the writers, stars, and film directors involved.

Moreover, most members of the public believe – you may well yourself believe – that they are rarely, if ever, influenced by advertising. So if some companies succeed without advertising, and most people feel they are not influenced by advertising, why on earth do advertisers advertise?

Advertising costs money, and no business likes to spend money unless it has to. The businesses in the paragraph above know they do not have to spend money on advertising, so they don't. The businesses that do advertise – that is, the great majority of large businesses – believe that it is essential for them to do so. They believe, indeed they are convinced, that the benefits they obtain from advertising outweigh the costs, hopefully by a substantial margin. Which, then, are the businesses that advertise? On page 33 is a breakdown of the top dozen advertising sectors in Britain.

Though there will be national variations, this list will be much the same in almost all economically advanced countries – and for the same reasons. These business sectors have very large target markets, and they believe advertising to be the most cost-effective way to reach these target markets. Despite its considerable cost, they believe advertising is the least expensive means of persuading their target markets to buy their products. What is the basis for these seemingly optimistic beliefs?

If you have read much about advertising, you will probably have come across this maxim:

> I know half of all the money I spend on advertising is wasted, but I have no means of knowing which half.

In Britain, this maxim is usually attributed to the first Lord Leverhulme, the founder of Unilever; in America, it is attributed

Sector	Advertising expenditure (£millions)
Retailers	£2,257
Finance companies	£1,427
Entertainment, media, and leisure	£1,290
Fast-moving consumer goods	£1,086
Technological goods	£ 874
Automotive	£ 794
Toiletries/Cosmetics	£ 679
Travel and tourism	£ 663
Pharmaceutical	£ 404
Government and utilities	£ 357
Education and charities	£ 328
Electrical and household	£ 140

to the great retailer Sam Wanamaker. In fact, there is no evidence either of them said it. It is probably a bastardization of something rather similar said in 1916 by Adolph S. Koch, then the publisher of *The New York Times*. The maxim sounds profound and pregnant with meaning, which no doubt explains why it has survived for almost a century. But in reality it is, as soon as you begin to think about it, manifest tosh. What could it mean? That the first half of any television commercial is effective but the second half is not? That every alternate second is effective/ineffective/effective/ineffective...? That the left-hand side of every billboard works but the right-hand side is useless? The idea is incapable of analysis. However, the maxim does, tangentially, hint at a key aspect of advertising which is little understood.

Let us return to the notion of a 'Golden Key', which somehow makes some advertising successful while other advertising (lacking this notional Golden Key) is unsuccessful. Or as the maxim claims: there is advertising which is wasted, and advertising which is not wasted. The underlying assumption is that advertising is a game of two halves: advertising which works, and advertising which does not work. This belief is widespread, and is not confined to members of the public. It is almost universally accepted by people who work in advertising – whether they work for advertisers, the media, or agencies. But it is far, far too simple. Advertising is not a game of two halves; advertising is a rainbow, or anyway a prismatic spectrum.

Think of it this way. You want to sell an old bike. So you become an advertiser, and put an advertisement on the Internet or in your local paper's classified advertising section. You may get an offer from one prospective buyer, or two, or ten, or maybe even more than twenty – or from any number in between. Of course, you may get nil buyers, in which case you can argue the advertisement has definitely failed, though even here it may not be the advertisement as such that failed. Many people may have been interested by the advertisement but decided they didn't like the details of the bike mentioned: its colour, or its handlebars, or whatever. In any event, every level of response above nil shows *some* level of success, from minimal (one) to massive (20+). And anyway, few commercial advertisers ever run just a single advertisement. They run campaigns, with lots of advertisements. Almost inevitably, some of the advertisements generate some response, however small. Even some of the most celebrated disaster campaigns in advertising history, like those for Strand cigarettes in Britain and for the Ford Edsel car in America, sold a few cigarettes and a few cars. Advertising results, then, are not a black/white division into

7. One of the most celebrated campaign disasters in advertising history

success/failure, or wasted/not wasted. Advertising results are a continuum.

Moreover, for advertisers the key question is not merely whether the advertising generated any sales. The key question is: did the level of sales more than cover the cost of the campaign, and so produce a profit? Because this, or course, is why advertisers advertise: to make a profit.

Yet again, this is not an easy question to answer, because advertising generates – and advertisers almost always intend it to generate – both immediate sales and long-term sales. Advertisers want both to get back the money they have spent on their campaign fairly quickly and to build long-term brands. Advertisers want, as it were, to have their cake and eat it. So this is the final answer to why advertisers advertise: to realize a profit quite quickly – how quickly varies from advertiser to advertiser – and to make continuing profits in the future. And none of this is easy for advertisers to achieve, let alone easy to measure.

The IPA Advertising Effectiveness Awards

Over recent decades, as financial analysis techniques have grown ever more sophisticated in all aspects of business, questions of financial accountability have predictably grown ever more critical to advertisers. Top financial directors working for advertisers have grown increasingly powerful within their companies, and during the 1970s a new phrase – 'cost-effectiveness' – became the mantra of the day. The finance directors of major advertisers wanted their companies' advertising spends to be proved cost-effective, to show a proven profit on the company balance sheet.

Responding to their concerns, in the late 1970s a group of leading UK advertising agency researchers and planners, led by a man called Dr Simon Broadbent, realized it was becoming urgent for agencies to meet the challenge and prove how cost-effective advertising can be. Broadbent, with an Oxford first and a PhD from London University, had worked in Chicago after graduating, and he knew that advertising evaluation had made more progress in America than in Britain. In America, in 1961 the Association of National Advertisers – the advertisers, not the agencies – had published a highly influential short book called *Defining Advertising Goals for Measured Advertising Results* (DAGMAR). DAGMAR, which is still being regularly updated and republished, set out clear procedures for measuring advertising effectiveness, stressing that it was essential to specify in advance the measurement criteria, and the means of evaluation, to be used. All this remains equally true today. Following the publication of DAGMAR, in 1969 the American Marketing Association launched an awards competition called the EFFIES. The EFFIES awards were designed to honour campaigns that could *prove* they had been cost-effective.

Returning to Britain from America, Broadbent naturally knew all about DAGMAR and the EFFIES. He determined that Britain needed an advertising effectiveness awards competition of its own. By nature a somewhat academic business consultant rather than a words-and-pictures adman, Broadbent wanted the scheme to be more rigorous than the EFFIES. And he wanted it to be run by agencies rather than by advertisers. In 1980, he persuaded the British agencies' trade body, the Institute of Practitioners in Advertising (IPA), to launch the IPA Advertising Effectiveness Awards.

IPA Awards would be won only by the case histories of campaigns that showed detailed sales results, encoded for confidentiality if necessary. The papers entered would need to reveal exactly how the sales had been measured, and what market research had been carried out to validate them. (We will explore all this further in Chapter 7.) Every agency entry would have to be signed off by the advertiser, who would authenticate its accuracy. The case histories would be judged by a jury of eminent academics and business people, as well as by market researchers and leading agency people. In Broadbent's words, the creativity of the advertisements would play no part whatsoever in the competition. Indeed, rather surprisingly, the advertisements could not be part of the entry.

The IPA Awards had four aims: to persuade doubters and cynics that advertising is effective and measurable; to persuade advertisers – and especially advertisers' finance directors – that agencies are serious about sales and profitability, and don't care just about self-indulgent creativity, as is often suspected; to persuade agencies that producing cost-effective advertising can be good for their reputations; and to encourage best practice in campaign planning and evaluation. Over the succeeding three decades, those four aims have been achieved triumphantly.

Since 1980, some 1,000 case histories have been entered for the IPA Awards. In aggregate, they provide a rich databank of different brands and markets – large and small, national and regional, consumer and specialist. The 400 winning and commended papers are publicly available from the IPA databank, from the World Advertising Research Center website (http://www.warc.com), and in book form. Together they comprise the largest, most comprehensive, and most authoritative collection of successful advertising case histories available anywhere in the world. The IPA Awards do not prove that *all* advertising is cost-effective. As we saw in the preceding section, this is not true, nor could it ever be. But they demonstrate conclusively that well-planned advertising can be, and frequently is, extremely cost-effective.

Above all, the IPA papers have shown that advertising not only works, but works in a cornucopia of different ways. The list of advertisers' various possible campaign objectives that is shown on pages 5–6 is derived from them, as is the fact that the 'average' campaign has some 2.5 objectives. Though it was never their intention, the IPA Awards have demonstrated why no 'Golden Key' will ever be found – and they have proved that, although almost nobody admits they are influenced by advertising, whether they like it or not, they are!

Building profitable brands

Excellent as they were, the IPA Awards initially had a serious flaw. For the first decade, the entries concentrated on relatively short-term sales results, showing how well the advertising had worked over perhaps a couple of years. But as we saw earlier, advertisers generally want both short-term and long-term results. Advertisers want, and indeed need, their campaigns both to generate immediate sales and to build long-term brands.

Once again, it was Dr Simon Broadbent who identified this problem. In September 1988, he published an influential article in which he wrote: 'The IPA Awards should introduce a class of entries which is about the long-term . . . effects of advertising.' Two years later, in 1990, an appropriate new IPA Awards category was introduced. The first winner was PG Tips Tea. The winning paper was titled 'PG Tips' 35 Competitive Years at the Top of the Tea Market', and chronicled the story of the often hilarious, long-running PG chimps campaign, in which chimpanzees were endowed with human personalities and voices, and swigged down their PG tea with gusto. Since then, other successful long-term campaigns have been an integral part of the IPA Awards.

For advertisers, the embodiment of long-term sales is the *brand*. Brands first appeared in Victorian times, and numerous Victorian brands still exist after 200 years or more – that truly is long-term sales success! Bovril, Cadbury, Colman's, Crosse and Blackwell, Lea & Perrins, Oxo, Rowntree, Schweppes, *The Times*, and Wright's Coal Tar soap, to mention but a handful, are among the British brands that have achieved double-century longevity. Many of these brands recognized the importance of advertising from the start, and by the

8. The chimps helped make PG Tips the brand leader in the tea market for 35 years

1890s most were employing advertising agencies. In that decade, Pears Soap routinely spent over £100,000 annually on advertising, its budget having grown by leaps and bounds from a mere £80 in 1875. Frances Pears, the chairman of the family business, resigned as he was petrified that such huge advertising expenditures would bankrupt the company. Instead, the advertising built one of the first great soap brands.

9. Some leading brands have existed for over 200 years

What, then, is a brand? Brands and branding started out as a way for manufacturers to help customers recognize their products, and to buy them because they were consistent and reliable in an era of adulterated goods and uneven quality control. However, today the concept of a brand has become far more complex than that. Today there must be almost as many definitions as there are brands in the world. However, all agree that a brand, or anyway a successful brand, must meet the following four criteria:

1) The brand will have a unique name and packaging, and usually a logo, all of which will be easily and instantly recognizable by its target market.
2) It must be perceived by its target market to have qualities which differentiate it from other, similar brands. (This is called its *brand positioning*: these qualities define its position relative to other brands in its market.)
3) The qualities will be both functional and emotive: its purchasers will both think and feel the brand is different from, and in their eyes superior to, others.
4) These perceptions will allow the brand to command a premium price above *unbranded*, commodity products, and thus to generate greater profits for the company that owns it.

Brands do not necessarily need to be more expensive than their competitors: today retailers' own brands are usually cheaper, but are seen by their purchasers to be excellent value, that is the way such brands are superior. Brands do not necessarily need to be superior in quality to their competitors: in terms of quality, popular family cars cannot compete with Porsches and Bentleys, but again they are seen by their purchasers to be excellent value, and that is the way they are superior.

Clearly the concept of value is intrinsic to the concept of a brand. This is because value, like beauty, is in the eye of the beholder. It is the qualities that are valued by the brand's present and future customers – its target market – which matter. These may or may not be the qualities the technicians in the laboratories believe matter; they may or may not be the qualities that experts and pundits believe matter. It is the target market that chooses what matters, and what it is willing to pay for. Its choices will be influenced by experience of the product (or service); by the advertising; by other marketing communications; by media publicity of all kinds; and by personal recommendations. If these blend together to give the brand a strong and positive reputation – a strong and positive brand image (page 12) – the brand is destined for success. Perception, reputation, *image* are the essence of a brand. They are the reasons people buy (or do not buy) the brand. And more crucially, they are the reasons people continue (or do not continue) to buy the brand again and again.

If a brand's reputation, its image, is sufficiently strong, its success may continue for decades, or even, as we have just seen, for centuries. But this will only occur if the brand owner – the advertiser – continuously nurtures the brand, ensuring that it constantly and unremittingly offers good value to its target market. In the fast- changing and highly competitive world in which we live, this will not occur by happenstance. It will demand persistent effort and careful management, continuing brand development and improvement. But all this is well worth the effort. Brands can be the keystones upon which the long-term success of companies is built. Brands ensure that the profits made by advertising campaigns are not fly-by-night: the campaigns deliver profits almost immediately and profits in the future – exactly what advertisers require in order to build healthy long-term businesses.

One final point on the subject of branding. Nowadays brands are so important that most advertising people, both in and out of agencies, talk as though all advertising is brand advertising, designed to produce long-term as well as short-term results. Though this is generally the case, it is not universally true. Think again of that old bike advertisement (page 34). Once the bike is sold, that's it: job done. Similarly, a fair amount of direct response advertising, selling goods directly from the page or off the screen, is instant, and not really branded. Customers respond to each individual advertisement, and other customers may respond to the next one. The companies who run such advertising will, if they are good at their business, go on and on, running offer after offer. But they may not bother, or want, to build themselves as brands. They have no need to.

This is another telling example of how varied and disparate advertising can be. In the great advertising firmament, however, such advertisers occupy but a tiny niche. Brands are the stars and galaxies which glitter and gleam throughout advertising's skies.

Chapter 4
The media: blowing the advertisers' trumpets

The media spectrum

We now come to the second part of the advertising tripartite: the media that carry the advertisements. Once again, we must begin by carefully defining what the *media* are, especially because 'media' has become something of a jargon word in recent times, much abused and misused. During the last 100 years or so, both the number and the variety of media have exploded. A wide spectrum of totally new media have arrived, and older media have divided and subdivided themselves to reach ever more specific groups, in carefully targeted ways. And with the more recent arrival of the Internet and of digitization, the entire advertising media scene has found itself in a state of considerable flux. Since the beginning of the 21st century, media throughout the world have been constantly changing. It is almost anybody's guess where these changes will eventually end up (and almost everybody in the media is willing to offer a guess or two). The best that can be done here, therefore, is to give a clear picture of the media as they are today, with some hints as to what the future may bring.

Media is, of course, simply the Latin plural form of the singular noun *medium*. *Medium* has several overlapping meanings, but in the *Oxford English Dictionary* you will find the relevant definition to be:

> Any intervening substance through which a force acts on objects at a distance or through which impressions are conveyed to the senses.

This almost exactly defines what a medium is in advertising: 'Any intervening substance... through which impressions are conveyed to the senses.' The impressions are the advertisements, and the leading media conveying them to our senses are the newspapers, magazines, television, radio, direct mail, posters and transport, cinema, and the Internet.

Naturally, advertisers have to pay the media for conveying their messages. And this leads us to the three basic criteria by which advertisers judge the effectiveness of all advertising media:

1) How many people in the advertiser's target market does the medium reach? And – using market research – what kind of people are they?
2) How much does it cost to use the medium? (And compared with alternative media, is it the best possible value for money?)
3) How powerful and persuasive is it as an advertising medium – particularly for the specific goods or services being advertised?

In this chapter, we will mainly be looking at advertising media in the UK. But these three questions are fundamental to all advertising media, around the globe. To explore them we will now consider each of the main UK advertising media sectors, looking first at their relative sizes, as measured by the amounts of advertising money spent with each of them. Their relative sizes vary from country to country, but these key media, often called the 'prime media' in advertising, are important everywhere.

It will readily be seen that in little more than a decade, the Internet has won a massive share of the advertising market in the UK – as it has in every country in the world. Most of its gains have come in the form of 'search' advertising – where you click-through from sponsored listings to promotional websites. Internet search

Share of UK advertising expenditure by media

	Share of expenditure (%)
Press and magazines	31%
Television	24%
Direct mail	12%
Outdoor and transport	5%
Radio	3%
Cinema	1%
Internet	24%
TOTAL	100%

advertising is akin to traditional classified advertising, and the Internet has gained most of its search advertising at the expense of newspaper and magazine classified advertising sections. But Internet display advertising – banners, pop-ups, and the like – has also steadily gained display revenue from the traditional media, though not to anything like the same extent as 'search' has done. Even after more than a decade's existence, nobody can tell how large the Internet's share of advertising will eventually grow to become, nor, by implication, how hard the traditional media will eventually be hit. But the general consensus is that the Internet's advertising growth will continue for many years yet.

Having said which, the longer established media still receive more than 80% of all advertising expenditure, and so it is these that we will consider first.

Press and magazines

Contrary to most people's perceptions, with 31% of all revenue, print media are still the biggest media sector. The money spent in press and magazines breaks down:

National newspapers

With 11 major national dailies and the same number of national Sundays, Britain has the strongest and most diverse national press in the world:

	Share of expenditure (%)
National newspapers (including supplements)	27%
Regional newspapers (including free sheets)	30%
Consumer magazines	11%
Trade and professional journals	9%
Directories	13%
All other	10%
TOTAL	100%

National dailies (read by 44% of the UK adult population in total)

Daily Express
Daily Mail
Daily Mirror
Daily Record (Scotland)
Daily Star
Daily Telegraph
Financial Times
The Guardian
The Independent
The Sun
The Times

National Sundays (read by 48% of the UK adult population in total)

Independent on Sunday
Mail on Sunday
News of the World
People
Sunday Express
Sunday Mail (Scotland)
Sunday Post (Scotland)
Sunday Telegraph
Sunday Times
The Observer

This galaxy of national newspapers provides advertisers with a plethora of choice unparalleled in other countries. The UK circulations of these papers varies from the largest, the *News of the World* (3,087,000) down to the smallest, the *Financial Times* (134,000). Nowadays market research data (like the Target Group Index, see page 10) provides a vast amount of information about the readers of each newspaper. Advertisers can thus select for their campaigns the papers that are specifically read by their target markets. The cost of buying advertising space is broadly proportional to the size of the circulation, but the quality papers – such as the *Financial Times* and *The Times*, the *Sunday Times* and *Sunday Telegraph* – can charge higher prices because they provide advertisers with more affluent and more influential readers. And because a significant proportion of advertisers want their campaigns to reach affluent and influential people, they are willing to pay a premium price to advertise in the papers these people read.

The cost of the advertising will also be determined by the size of the advertisement, whether or not it is in colour, and its whereabouts in the newspaper. Larger advertisements cost more than smaller ones, but the cost is not directly proportional to size: to encourage advertisers to buy bigger spaces, smaller advertisements are generally slightly more expensive *pro rata*. Colour advertisements are more expensive than black and white ones: historically, this was because colour used to cost more to print – today the printing cost differentials are small, and the price differentials simply reflect supply and demand. Similarly, newspapers charge more for advertisements in certain positions, positions which many advertisers want because they are looked at by more readers of the publication, or by their particular target market (sports products on sports pages, for example); obviously the cost of printing the advertisements does not change with the position – again, the different prices simply reflect supply and demand.

With so many newspapers to choose from, and so much choice within each newspaper, the buying and selling of space in newspapers is extremely flexible, and subject to considerable negotiation. For the advertiser, the key factor in making the final selection will be the *cost per thousand readers*. This figure is the cost of the chosen space – large or small, colour or monochrome, wherever positioned – per 1,000 readers in the advertiser's target market. Media buying specialists will calculate exactly how much it costs to reach this notional 1,000 target readers in all the available newspapers. They will then be able to make an objective cost comparison between all the possibilities, and unless there are special circumstances, the media specialist will advise the advertiser to place their campaign in the cheapest newspaper or newspapers.

This *cost per thousand* calculation, suitably adjusted, applies in all media – whether it be cost per thousand readers, or television viewers, or radio listeners, or (in the case of direct mail) addressees. It is seldom a helpful device when making comparisons *between* media: you cannot sensibly compare the cost per thousand for a television commercial with the cost per thousand for a magazine advertisement – the effects of the different media are too disparate. But within any one media sector, cost per thousand is the single most potent weapon in the media buyer's armoury. Provided you minimize the cost of reaching your target market, as an advertiser you won't go far wrong.

Regional newspapers

In the USA and many other countries, where there are very few national newspapers and their circulations are quite small, regional newspapers are even more important as advertising media than they are in Britain. However, even in Britain, there are over 1,100 regional newspapers and, as can be seen above, to many people's surprise they carry more advertising than the national newspapers. This is because they are, in total, read by significant numbers of the population.

Most of the regionals' advertising revenue comes from national retailers and local advertisers. With the exception of retailers, national advertisers rarely advertise in regional papers. This is because the cost per thousand in regionals is far higher than it is in the nationals. The cost per thousand circulation of a full-page advertisement (black and white) is six times higher in the regional

	Percentage of UK adults who read
Regional weeklies (free)	44%
Regional weeklies (paid)	24%
Regional mornings and evenings	15%
Regional Sundays	5%

Bristol Evening Post than in the national *Sun*, for example. Other regional versus national newspaper comparisons would be similar. This is why, in the UK, national advertisers almost always use national newspapers, *except* when there is a specific reason to advertise locally.

While, as has been said, comparing costs per thousand between different media sectors can be unreliable – to some degree, you will always be comparing apples with oranges – it is nonetheless important to know that the cost per thousand is nowadays often cheaper for Internet advertising than it is for newspapers. This is a key reason why so much advertising expenditure is migrating from newspapers to the Internet. In both the UK and the USA, the previously strong network of regional newspapers is under severe competitive threat from the Internet, and in consequence the long-term future of regional newspapers is, at present, far from assured.

Consumer magazines

For advertisers, consumer magazines can broadly be divided into two groups:

- General interest and women's magazines
- Special interest and hobby magazines

As might be expected, the first group have relatively high readership levels, just below those of the national press.

	Percentage of UK adults who read
Any general weekly	33%
Any general monthly	40%
Any woman's weekly	21%
Any woman's monthly	35%

The readerships of special interest and hobby magazines are far smaller. So most of the major national advertisers who use magazines for their campaigns use general magazines – such as the *Radio Times* (circulation 1,046,726) – or women's magazines – such as *Good Housekeeping* (circulation 430,971). Special interest and hobby magazines' circulations usually fall in the 50,000 to 100,000 bracket. Moreover, although their advertising rates are relatively low, as with regional newspapers their costs per thousand circulation are relatively high – almost always exceeding those of the general and women's magazines. Still, for advertisers whose target markets are specific – minority sectors of the population, like anglers or amateur photographers – specialist magazines are ideal, and they are able to sell space at a premium price to advertisers aiming at those very specific, relatively small markets.

As with newspapers, magazines charge more for larger than for smaller advertising spaces, more for colour than for black and white, and more for specially prized positions: at the front of the magazine or facing editorial articles, for example. However, one important advantage magazines have over newspapers is that they lie around far longer (think of the ancient issues you sometimes find in dentists' waiting rooms!). This longevity means they accumulate far more *readers per copy* than newspapers do. As a result, their readerships are far higher than their circulation numbers suggest. Readership data from market research surveys shows that *Vogue*, for example, has some 6 readers per copy, while *Golf World* has a massive 12.5 readers per copy. No newspaper has that many readers per copy. And as advertisers are generally more interested in total readership numbers than in simple circulation numbers, the *cost per thousand readers*, as well as the *cost per thousand circulation*, will be an important factor influencing the choice of which newspapers and magazines to use for any campaign.

Trade journals and directories

The two remaining major groups of publications in the print sector, trade and professional journals and directories, together carry some 22% of all print advertising expenditure – so are larger than the consumer magazine sector, though the latter has a much higher profile for major advertisers.

The reason for their low profile is that neither trade and professional journals, nor directories, are seen as general advertising media. Their roles are far more specific. As with specialist and hobby magazines, they are ideal for reaching their particular target markets. Trade and professional journals will therefore be used extensively by advertisers wishing to reach, for example, doctors or dentists, builders or engineers. There are some 2,000 trade and professional journals in the UK, covering almost every trade and professional sector you can think of, with circulations usually in the 20,000 to 50,000 bracket.

Directories, in contrast, have massive circulations, and even larger readerships. Over 30 million people in the UK consult *Yellow Pages* annually. But the vast majority of advertisements in directories are 'listings' – and listings are like newspaper classifieds: advertisements which people look for, rather than advertisements which look for people. They do not therefore involve advertising skills in the same way that display advertisements do. However, it must not be forgotten that there are also a fair number of display advertisements in directories, some of them from major national advertisers – and these call for much the same skill and input as display advertisements in other printed media.

We have now completed our analysis of printed advertising media. It is time to take a look at television.

Television

In the public mind, throughout the world, television is the archetypical and predominant advertising medium. Indeed, when members of the public are asked where they have seen any advertisement, the likelihood is they will say they saw it on television – even if the advertisement has never appeared on television. (A perfect illustration of the fallibility of people's memories, and a warning that market research results must always be interpreted with caution.)

Commercial television – television funded by advertising – started in the USA in the 1930s, but did not begin in Britain until 1955, and in Britain it was thought from the start to be so powerful that it needed to be controlled by parliamentary statute. While other media are permitted to publish as much advertising as they wish (though poster sites are controlled by local authorities), the 1954 Act which set up British commercial television ensured that the quantity, timing, and content of advertisements would be controlled by statutory bodies. Not until December 2003 did

Ofcom – the governmental regulator now responsible for British commercial television – subcontract control of the *content* of television advertisements. However, Ofcom retained control of the quantity of advertising, and of its overall timing.

The consequences of this government control have been considerable, and are entirely foreign to other media in the UK – though television advertising is subject to similar constraints in many countries of the world (excluding the USA). In the UK, the limit on the number of minutes that can be devoted to advertisements in any hour has influenced the cost of television advertising; the control of the content of television advertisements has made it necessary for all commercials to be approved before they are transmitted, both in script form and when finally produced (unlike advertisements in other media); the control of the timing of advertising has allowed the government to ensure that commercials for certain products will not be transmitted at times it deems inappropriate (mainly, this means that commercials it is felt children ought not to see must not be transmitted until late in the evening).

Initially, the UK government sought to build up a regional television broadcasting structure by assigning separate contracts to different regional companies, each of which – like a local newspaper – covered its own allotted area of the UK. This system worked well at first. But from the 1960s onwards, a raft of additional commercial channels were launched – first Channel 4, then 5, GMTV, Sky, and a host of other satellite broadcasters – at which point the old regional structure became hopelessly blurred. Today over 600 terrestrial, satellite, and cable television stations broadcast in the UK, the great majority of them reaching tiny, specialized viewing audiences but covering the entire country. All must be licensed to broadcast by Ofcom, and pay Ofcom a fee for their licence.

However, the largest television audiences still gravitate towards the long-established terrestrial stations. This occurs even in the 40% of UK homes that receive both terrestrial and satellite channels:

	Adult viewership in 'satellite' homes
Terrestrial	
BBC1	21%
BBC2	7%
ITV 1	18%
Channel 4	7%
Five	5%
TOTAL TERRESTRIAL	58%

Satellite	
SKY (all)	4%
ITV 2, 3, 4	4%
BBC 3, 4	2%
Others (none exceeds 1%)	32%
TOTAL SATELLITE	42%

The fragmentation of television audiences during recent decades, which has happened throughout the globe as new channels have been launched everywhere, has caused advertisers much concern. Advertisers look back nostalgically to the years when a single spot transmission would be seen by the majority of the population at one fell swoop. (This was true even in the USA, where there have always been far more channels than in European countries.) This made the television advertising of mass consumer products relatively straightforward – not to say easy – whereas today it is necessary for advertisers to build up coverage of their target markets over time, by advertising on a host of channels with separate audiences. Still, it is arguable that advertisers worry rather too much about this problem, as advertising in other media has always been fragmented. Moreover, advertisers gain considerable benefits from the price competition between the numerous broadcasting stations. And television remains much the fastest way to build up public awareness of a new brand or a new campaign. Seldom does a new brand or new campaign that solely uses other media, without using television, reach high levels of public awareness very quickly.

Television is also the most thoroughly researched of all the media. In the UK, viewership data is provided by the Broadcasters' Advertising Research Board Limited (BARB), a company set up by the advertising industry to provide robust and trustworthy information to all interested parties. BARB subcontracts the collection of this information to several research companies. The most basic data is collected from a sample of 5,100 homes, in all of which meters are connected to their television sets. These meters record continuously whether or not the set is on, which channel it is tuned to, and when channels are changed. These 5,100 homes represent some 11,300 residents. An additional 52,500 individual viewers are interviewed annually, and their viewership data correlated with the 5,100 meter records. Viewership results from the meters are published on a minute-by-minute basis, and the data is processed overnight to be released at 9.30am the following morning.

As with other media, the key tool in the advertiser's television time-buying toolbox is the *cost per thousand target viewers*. The BARB research system means that in many ways the buying of television advertising time is both more accurate and more complex than the buying of time in print media, because far more is known about the ways viewers watch than is known about reading patterns. The exact composition of television audiences, broken down by age, sex, employment, region, family composition, buying habits, and other data, can be continuously analysed. For example, viewers' programme switching can be tracked throughout an evening; and the different viewing patterns in houses with multiple sets can likewise be measured. All this makes it possible to pinpoint the television viewing of target markets with great accuracy. The media buyer will then be able to evaluate precisely, on a cost per thousand basis, which programmes, and even which breaks in which programmes, will reach the target market most cost-effectively. There are great differences in price, for example, between *peak-time* (mid-evening) and *off-peak* (early, late, and daytime) spots, and the differences approximately reflect the size and composition of the audiences.

Still, it must not be thought that all this makes the buying of television advertising robotic. Viewers often fail to watch programmes they have been predicted to watch, and inter-channel competition can make audience levels unpredictable. Nonetheless, television time buying is probably the most sophisticated system of mass media advertising buying, the world over.

Before leaving television, two myths need to be dispelled. First, it is widely believed that the advent of the Internet has resulted in television viewership falling. There is no evidence of this happening; on the contrary, though fragmentation has meant that each individual channel's viewership has fallen, total television viewing – in terms of number of hours per week – continues to increase, steadily if slowly. Second, it is widely believed that the advent of Video-on-Demand, and the use of zappers, results in people zapping through commercials, to the advertisers' disadvantage. Again, the evidence shows this to be the opposite of the truth – partly because V-o-D encourages people to watch more television, and partly because only a tiny minority of viewers zap through commercials, and then only occasionally. Despite the increasing competition in all media, the future of television advertising seems assured.

Minor media

As can be seen from the table on page 47, excluding the Internet, the remaining media – direct mail, radio, outdoor and transport, and cinema – account for just 21% of total advertising expenditure between them, and so we must deal with them quite briefly. This is not to minimize their effectiveness as advertising media for many products, and for many target markets. Indeed, their strengths often lie in their specificity. But they generally lack the mass impact of the more major advertising media, which is why they tend to carry less advertising.

Direct mail

With its 12% share of total expenditure, direct mail is currently the fourth largest advertising medium in the UK. (It is a much larger advertising medium in the USA, mainly because of the dearth of strong national daily newspapers there. The mail is an inexpensive means of distributing advertising messages throughout the vast terrain.)

Before the arrival of the Internet, direct mail was the sole means of identifying individuals personally, and usually by name – and it remains a most effective 'personal' medium. This often makes it possible to communicate with specific target markets with great accuracy. Over the years, advertisers and companies that specialize in providing direct mail 'lists' have built up individualized lists of the users of many products. While a small proportion of the public complains about what they call 'junk mail', the reality is that the vast majority of the population accept it without objection, and often respond to it.

This is known, and can be evaluated, because direct mail is one of the most *measurable* media. Because it is so personalized, the response to most mailings can be, and is, exactly quantified. Costs and results can be compared, and cost-effective mailings can thus be virtually *guaranteed* to produce profitable business for the advertiser, which happens in no other medium – except, as we shall see, the Internet.

Outdoor and transport

Most people are surprised to learn that this sector – billboards, posters, public transport advertising, and the like – is as small as it is, with only 5% of total expenditure. The public feels it sees advertising hoardings everywhere – and this is true in the centres of most towns. But elsewhere there are relatively few hoardings, not least because the placement of outdoor advertising is strictly controlled by local authorities.

Posters can be placed with precision locally, and so are frequently used by local (rather than national) advertisers. Throughout history, posters have given designers and writers the opportunity to be wonderfully creative, and many of the campaigns which people remember for years start life on the hoardings. But since the arrival of commercial television over 50 years ago, outdoor advertising has come to be seen, unfairly, as a 'support' medium, a reminder medium, and is now only occasionally used as the principal medium for a major new campaign or product.

10. Most people are surprised billboards and posters have only a small share of the advertising market

Radio

Radio too tends to be seen as a support or reminder medium. Being another broadcast medium, it is also often seen, again unfairly, as 'cheap television'. This is wrong because – although radio is certainly a much cheaper advertising medium than television – it is not truly comparable. Television is quintessentially a visual medium: above all, people remember, and are influenced by, what they see. By definition, radio is not visual, and so requires a completely different creative approach, based on words and sounds. But used imaginatively, words and sounds can produce extremely effective advertising.

Radio audiences are also far smaller than television audiences, and much more locally focused. So radio can, like posters (and cinema), be used to great effect by local advertisers.

Cinema

Cinema is also frequently used as a support medium, another 'different form of television'. But cinema's great strength is that its audiences tend to be relatively young – and many advertisers see young consumers as their prime target market. Because cinema campaigns are generally aimed at the young, many cinema commercials are quite unlike television commercials, with film sequences specifically created with the young in mind (which sometimes baffle the older members of the audience).

The Internet

Though still thought of as being very new, in the UK the Internet first surfaced as an advertising medium in 1997, when it was registered as carrying £8 million worth of advertising. In that same year, Internet advertisements were for the first time judged separately at Britain's leading creative awards competition. However, in Britain, as everywhere else, the Internet's growth since then has been startling, with advertising revenue leaping from the £8 million in 1997 to more than £34 million in 2009 – 24% of total expenditure and still climbing rapidly. Most Internet advertising is for products and brands for which customers want quite detailed information: finance, telecommunications, computers, travel, automobiles, industrial goods, and entertainment are the top seven Internet advertising sectors. Inexpensive branded consumer goods account for only some 5% of Internet advertising.

In part, this is because the Internet has become the prime *interactive* medium. It allows, indeed encourages, customers to respond to advertisements by way of chat rooms and other online discussion forums, so that advertisers and customers engage directly in dialogue with each other. Internet enthusiasts often claim that this interactivity is revolutionizing marketing, as advertisers and their customers build increasingly close relationships. There is a smidgeon of truth in this, but traditional retailers have always been close to their customers – after all, the customers personally visit their shops – and anyway, the vast majority of customers do not respond to advertisers via the Internet, nor do they wish to.

However, online behaviours and interactivity differ greatly between different socioeconomic groups. Consequently the Internet is highly effective for targeting defined demographic groups, both by special interests and activities, and at different times during the day and night. For example, online behaviour differs markedly according to age, sex, and class. Urban professionals aged 20–34 rely on the Internet heavily for their work, and for planning their social lives. Women aged 35–44 with families, in contrast, use it to manage the home, and for hobbies and other interests. Moreover, Internet users can be identified, and their purchasing and other characteristics can be related directly to them, by means of the memories ('cookies') in their computers. This makes Internet targeting far more precise than that for any other medium.

We have now explored all the major advertising media in the UK – and thus, indirectly, in the world. Though the relative size and importance of each medium will change from country to country, as has been said, the fundamentals remain constant. The fundamentals are determined by the technical nature of each medium, and the human nature of consumers. These do not change.

Chapter 5
The creative agencies: creating new campaigns

We saw in Chapter 2 that since the end of the 20th century advertising agencies have become increasingly specialized. Before then, agencies provided their clients with a wide range of varied marketing services. From the 1970s onwards, with the breakdown of the 15% commission system, agencies began to focus on their two core competencies: creating advertisements and buying media. These two distinct activities soon came to be carried out by different specialist companies: creative agencies and media agencies. This organizational structure still pertains today, and so we will consider each of the two specializations separately, in this and the next chapter, starting with creative agencies.

First steps in creativity

Most people think advertisements are dreamed up when 'creative people' are told 'We need a new campaign for Boggins beer – get your skates on and be quick about it!' After which a creative person puts an ice pack on his or her head, sits in a dark room for a few hours until inspiration hits them, and then animatedly announces 'I've got it! – "There's No Better Beer than Boggins!"'

Well, not quite. While the sitting and thinking is roughly akin to a key part of the process, the rest of that little scenario is illusory in three essential ways. First, as has already been stated, the creative people will not start work without a written, detailed advertising strategy which has been agreed by their client, Boggins, and by the agency's senior management. Second, creative people almost never work individually nowadays, they always work in copy/art teams of two people. Third, at this initial stage the copy/art team will almost always have several ideas (usually called '*concepts*') which they will want to discuss with their colleagues before refining one or two of them (and they will rarely arrive at these concepts in just a few hours).

As was detailed at the beginning of this book, the advertising strategy document will include the campaign's objective(s); facts about the brand which show the objectives to be realistic; the brand's competitors, with details of their advertising and marketing campaigns; a summary of any relevant market research – saying why consumers use the brand, and why they do not; the message the campaign must communicate, and the tone in which it must be communicated; which media are likely to be used for the campaign; the budgets available both for the preparation of the advertisements and for the media campaign; a timescale for both the preparation of the advertisements and for the duration of the media campaign; any other details felt to be especially important in this instance; and, particularly, the target market at which the campaign will aim.

The creative team will need and want to know all this information. They will need to know the media likely to be used, so they don't create print advertisements when a television commercial is required. They will need to know the budget available, so they don't create advertisements which simply cannot be afforded. They will need to know how long they have to prepare the campaign. They will need to know the target market at which the campaign will aim, so they can keep it in their mind's eye all the time – and avoid creating messages suitable for impecunious teenagers when a campaign aimed at the affluent elderly is required. But for them, the absolutely vital part of the advertising strategy will be: the message the campaign must communicate, and the tone in which it must be communicated.

One of the most difficult lessons advertising creative people – and advertisers – have to learn is that the messages you put into advertisements are but the means to an end. The end is what the target market makes of the messages. It is not the messages you put *into* an advertisement that matter, it is the messages the target market takes *away* from the advertisement that matter. Most novitiate advertisers and creative people believe that if you say something in an advertisement, this is what people will take from it. Maybe, maybe not. Just as it is easy for people to misunderstand what they are told in conversation, it is doubly easy for them to misunderstand what they see and hear in advertisements. They generally pay little attention to advertisements, picking up only the broadest outline; they frequently focus on aspects of advertisements that were included only as unimportant props; they often forget most of the content of an advertisement, remembering only the bits that grabbed them. So it is essential not to overcrowd advertisements with too much information, a failing of many advertisers. Often, people can remember the advertisement but not remember which brand it was for. For all these reasons, the brief for the 'message that must be communicated', as defined in the advertising strategy, must be short, simple, unequivocal, and clear. And any ideas the creative team come up with must be checked rigorously against this brief.

But the message in an advertisement does not include only the words and pictures used. It includes the *way* they are used. The tone, the style, the personality of the advertisement. Exactly the same words, spoken in different tones of voice or set in different typefaces, will convey totally different messages. Here is a simple example. A party invitation in traditional embossed copperplate lettering on deckle-edged heavy card will lead the recipient to expect a totally different kind of party from an invitation – using exactly the same words – set in ghoulish, haunted-house lettering, printed in blood red on glittering foil. The message will be precisely the same: please come to my party. But the tone, the style, the personality of each will promise an utterly different event. In consequence, each will appeal to completely different types of people, different target markets – and turn others off. The same is true of advertisements. The actors, the models, the typefaces, the design, the props – every detail of the advertisement will contribute to its tone. And its tone must be calculated to appeal to its target market, otherwise the effectiveness of the message will inevitably be impaired. Consequently, advertising creative people must be exceptionally sensitive to the nuances of current styles, current fashions, current vernacular language. Naturally, the typefaces, the design – and even the models and props chosen – will principally be the province of an art director rather than a copywriter (though both will have their say); and the language will be principally the province of the copywriter rather than the art director (though again both will have their say). This is one of the reasons why advertising creative people nowadays always work in teams of two: copy and art together.

But this was not always the case. Until roughly the middle of the 20th century, all over the world, new advertisements were normally created by copywriters, working alone – rather like the Boggins beer copywriter in the scenario above. The copywriter would indeed put a metaphorical ice-pack on his head, and come up with the words and maybe a rough idea for the illustration. He – it was almost always a 'he' in those days – would then send his words and idea to a 'visualizer', somebody paid to visualize the copywriter's thoughts. The visualizers worked in a different department, often nowhere near the copywriters. The visualizers would be typographers, or sometimes graphic designers. But in this hierarchy the copywriter was top dog. The visualizer brought the copywriter's idea to life – but it was still the copywriter's idea. All this roughly made sense, because print advertising, then much the largest sector of advertising, was primarily verbal. The words were all-important.

Then came television. Television is essentially a visual medium – or a visual/verbal medium. Television advertising began in the USA in the 1930s, and by the 1940s American agencies were questioning the 'lone copywriter' approach to creativity. One agency in particular pioneered the copy/art team approach to creativity. This was a New York agency called Doyle Dane Bernbach (DDB). In the 1950s, DDB quickly built a reputation as the most highly creative agency around, first in America and then throughout the world. DDB famously recruited some of the most talented creative people in American advertising. And the copy/art team philosophy was central to its creativity, because this massively raised the status of the 'art' person – now given the title 'art director'. No longer did the visualizer simply interpret the copywriter's ideas: the copy/art team worked together, from the start.

Nor did the team work solely on television advertising. It was soon discovered that copy/art teams enhanced creativity in all media. And as the number and different types of media have burgeoned, this union of talents has grown ever more essential. Today almost all advertising campaigns have to be sufficiently adaptable to work in a host of media, from television to in-store shelf-cards, from posters to the Internet. Whatever the medium, the copywriter and the art director create ideas together, in tandem, each bringing their own different training and talents to the process. And advertisements have proved all the stronger for it. DDB's early campaigns – for Volkswagen, for EL AL, for Avis car rentals, and a galaxy of others – quickly became famous around the globe. A new kind of advertising had been born, in which advertisement concepts literally fused words and visuals. Advertisers flocked to DDB, and its business grew like wildfire.

Partly because commercial television did not start in Britain until 1955, and partly because the British advertising bosses were reluctant to adopt a new creative system they thought to be dangerously radical and expensive – the new 'art directors'

11. Bill Bernbach, who built DDB New York into the world's most highly creative agency in the 1960s

12. DDB's VW campaign quickly became famous around the globe for its creativity

demanded far higher salaries than the visualizers had been paid – the copy/art team approach did not cross the Atlantic until the early 1960s. It started at what was to become Britain's own leader in creativity, the agency Collett Dickensen Pearce (CDP). CDP had a close working relationship with DDB, and so knew all about its creative 'team' system. CDP, like DDB before it, quickly gained a worldwide reputation for outstanding creativity. Its campaigns for Benson and Hedges, Heineken, Hamlet cigars, and many others scooped up awards at all the world's leading creative festivals. During the 1960s and early 1970s, these two agencies dominated world advertising creativity.

Today virtually all advertising creativity, in every leading agency in the world, is produced by copy/art teams. Generally, the copywriter and the art director form a long-term relationship, and move together from agency to agency whenever they change jobs. Obviously, as in all relationships, they occasionally split up and find new partners. But such splits are surprisingly rare. Creative people find it difficult to discover a mate with whom they can work well – and having discovered one, they try hard to keep their relationship alive.

How long will it take a creative team to come up with a new campaign idea? Well, how long is a piece of string? An idea may come almost instantly, or may take weeks in gestation. Will the team come up with just one idea, or with several, for further

13. CDP's Heineken campaign scooped up international creative awards

consideration? There can be no single answer to this. Sometimes the team has an idea it is absolutely sure is absolutely right. More often, the team will have a few ideas, all of which it feels could be developed with further time and thought. The team will then want to involve others in assessing the quality of its various ideas. It will discuss them with other creative colleagues, and at this point account planning – which we left at the end of Chapter 1 – may re-enter the creative process. But before we involve ourselves further in this process, it will be helpful, indeed necessary, to explore the nature of creativity, and of the creative people upon whom so much in advertising depends.

The nature of creativity

What is creativity? Even more than any of the other definitions we have considered, creativity is impossible to define with any accuracy – though many people have tried, and you will find many definitions in dictionaries. It is sometimes said that, although it cannot be defined, it can easily be recognized. Like lots of other things said about creativity, this is a half-truth. Yes, creativity can be recognized, but different people recognize different things as being creative. As we all know, most people at first rejected the Impressionists' paintings as not being art, while today they are accepted as being among the greatest works of art in history. The same has been true in music, and in literature. And it has sometimes happened in advertising.

The concept of creation – making something out of nothing, bringing things into existence for the first time – has fascinated and perplexed humanity throughout the ages. Almost throughout history it was generally accepted that creativity 'just happens'. Ideas float into the mind of their own accord, unpredictably, and no further explanation is possible. The most common cartoon depiction of this phenomenon is of an electric bulb suddenly lighting up, for no explicit reason, in the brain. But this is altogether too simple a view of creativity.

First, it suggests ideas come about without prior cogitation. But it would be hard to find a great creative thinker who did not say ideas are the result of long cogitation. Sir Isaac Newton did not simply discover gravity when he saw an apple falling, as the famous anecdote claims. He had been thinking about the nature of gravity for years. Indeed, when asked how he came by his discoveries, Newton replied 'By always thinking about them'. Yes, new ideas do come to highly creative people 'out of the blue'. But they come because creative people constantly seek them, both consciously and subconsciously.

Second, the light bulb image suggests that ideas arrive fully formed in the brain. This seldom happens. Albert Einstein took at least 10 years, between the ages of 16 and 26, to develop his theory of relativity. Most creativity involves the development and execution of original insights. Pablo Picasso constantly changed and transformed his mural masterpiece *Guernica* as he painted it. Professor Robert Weisberg, who has written extensively about this, defines creativity as *incremental* in nature, and that is an excellent way to think of it. One of the incidental benefits of the copy/art team system is that both individuals challenge and incrementally improve each other's concepts.

These factors are crucial to any consideration of advertising creativity. When they receive the advertising strategy, the creative people will start to think about – to cogitate about – how to communicate the campaign message, in a way that will arrest and interest the target market. They will be searching for a relevant idea that is innovative and impactful, one that has never been used before in advertising. It is usually easy to find innovative and original ideas that are *not* relevant, but those ideas are.... well, irrelevant. A relevant idea may or may not arrive quite quickly. But then it will need to be developed, incrementally, in all its aspects. Almost always, the initial idea will need to be chiselled, moulded, honed – particularly for use in different media. This takes time. But creative people in advertising know that time is not infinitely available. There is a commercial imperative, a deadline to be met. If a new campaign is needed by next Thursday, the creative team will need to have a new campaign ready by next Thursday. This can be exceedingly stressful. Few people realize the mental agonies advertising creative people undergo as the days pass, and the new campaign does not materialize. Every day that passes means there is one less day still available. But 9 times out of 10 – maybe 99 times out of 100 – they eventually make the deadline. If they fail too often, they will find themselves no longer working as advertising creative people.

The nature of creative people

Advertising creative people are notoriously egotistic, volatile, and irascible. If you happen to find yourself in any bar or pub frequented by advertising people in London, New York, or any of the world's other advertising capitals, you can safely bet that you will soon hear stories of punch-ups, of chairs being hurled across rooms, of computer keyboards being thrown out of windows when creative people fight about their advertising ideas. Almost all these stories are mythical, but they reflect advertising people's own image – in its way glamorous – of advertising creative people.

Likewise, if you start any broad discussion about the nature and behaviour of creative people in society, you can safely bet that within a few minutes somebody will mention Vincent Van Gogh or Paul Gauguin, or both. Why? Not because they are typical; they were not at all typical. No other artists have ended up with amputated ears, few have fled from civilization to live among native peoples on the far side of the world. But once again, Van Gogh and Gauguin epitomize our romantic image of artists: headstrong egotists, often mentally unbalanced. The reality is entirely different. The vast majority of artists – and of advertising creative people – lead exceptionally hardworking, relatively conventional lives.

Nonetheless, it is true that highly creative people are different from the rest of us in certain specific ways. Over recent years, a good deal of research has been carried out into these differences by psychologists, and more recently by neuroscientists. Their findings show that creative people do tend to be more introspective, more self-sufficient, experimental, and non-conformist. However, in no study have the differences between creative people and others been vast. If you draw a spectrum, with conformity at one end and non-conformity at the other, creative people, on average, will veer towards non-conformity. Only a few, like Van Gogh and Gauguin (and Einstein, who was decidedly eccentric), will be far out on the extreme edge. As Professor Michael Badawy, at the Virginia Polytechnic Institute, put it:

> Creativity is like height, weight and strength. People vary considerably in these dimensions, but everybody has some height, some weight and some strength. Likewise, there is a certain amount of creativity in all of us, but some of us are obviously a lot more creative than others.

There is yet another vital way in which creative people differ from others. Creative people are obsessive about their output. They wish, and expect, to be judged by their output rather than by their personal behaviour. This was well expressed by the psychologist Dr Anthony Storr:

> The work, rather than the person, becomes the focus of self-esteem. To care more about one's book or one's painting than one does about oneself will seem strange to those who are sure enough of themselves to be themselves in social relations. But if a book or a painting contains more of the real person than is ever shown in ordinary life, it is not surprising that the producer is hyper-sensitive.

How do all these factors impinge on creative people in advertising? Well, they know they are, and feel they are, different from others. They work under often intense psychological pressure. And they care obsessively about their output, which means they usually take criticism badly. Taken together, these factors do tend to make them egotistical, volatile, and quick to anger. Such behaviours may not be justifiable, but they are understandable – and must be understood by those who want to work with them, successfully.

Managing creative people

Until the 1970s, creative people in agencies were 'managed' by the agencies' top executives, through their own department head, the creative director. Creative directors were sometimes very powerful, but they seldom, if ever, ran the shop. This was the province of the businessmen who owned and built the agency. Such businessmen might be sympathetic to creativity, as was John Pearce, the guiding light at CDP. Or they might, more commonly, see creative people as a necessary evil: creative people were essential, but had far too high an opinion of their own contribution, and this fuelled their intolerable egotism and volatility. This view is reflected in the quotation from John Hobson in Chapter 1. (Research studies among advertising creative people confirm that most of them believe it is their output, the advertisements, which the rest of agency live off, and that top managements have little appreciation of this basic fact. An old advertising quip runs 'Creative people in agencies are always covered in love bites. Self-inflicted, of course.')

Hence there was continuous strife between agency managements and their creative departments. Shortly after I started working in advertising, the chairman of one of Britain's most successful agencies publicly declared that it was his ambition 'To break the stranglehold of the creative people on the production of advertising'. But with the growth of television advertising, and the creative revolution led in America by DDB and in London by CDP, much of the power in agencies moved from the business managers to the top creative people. At the very minimum, they reached parity. And in the 1960s and 1970s, many agencies, particularly in the USA, were founded by, or around, top creative people. This was a new phenomenon.

It became apparent that the division between agency managements and the newly enfranchised creative departments had to be bridged, and this was part of the genesis of *account planning* (page 14). The ingenuity of account planning was that the new account planners had twin (or even triple) loyalties. They worked closely with, and often represented, the creative people; they worked closely with, and often represented, the account handlers; (and they worked closely with, and often represented, within the agency, the clients). They were able to handle this apparent conflict of loyalties because, above all, they worked closely with and *always* represented the opinions and wishes of consumers, of the target market. As market research developed, from the 1970s onwards, the voice of the consumer was increasingly heard in advertising. In agencies, the account planners were at the epicentre of this development. They carried out, either themselves or through specialist research companies, all the testing of new creative concepts. This gave them enormous influence. Nobody in advertising can ever totally ignore the opinions of the consumer, of the target market. Consumer research into advertisements, to return to John Hobson's quotation, had been carried out previously. But this had been done in a confrontational way. The agency managers checked out the creative people's ideas, then returned to the creative people with the research findings and told them what to do. Account planning does not work like that: the creative people are integrated into the process. This was a major step forward.

It must not be thought, however, that every shred of friction between creative people and agency managements was thus eliminated at one fell swoop. Not all account planners are brilliant diplomats; not all creative people can accept criticism, even when it is put to them diplomatically. Recent studies among creative people, around the world, show that many remain suspicious of the influence of research on their creativity. They fear that the public rejects truly innovative concepts – the story of the Impressionists again – and that it is essential to take market research among the public with several large pinches of salt. This is true. But all the best creative people acknowledge that account planning can help them improve their output – incrementally, at the very least.

Account management

Had this book been written before creative and media agencies broke apart, and before account planning took hold, the opening section of this chapter would doubtless have been devoted to account managers: the people who are responsible for the liaison between clients and agencies.

Different agencies have different names for those who handle contact with their clients on a day-to-day basis: account managers, account executives, account supervisors, and others. Above these in the agency hierarchy are account directors, client service directors, or simply board directors. And in America the title president or vice-president is often used. Whatever the nomenclature, the job specifications remain the same. Account managers represent the agency to the client, and the client to the agency. At a less senior level, they handle and progress the day-to-day work the agency carries out for its clients. At a senior level, their role is more strategic, and the account director ensures the client is content (hopefully more than content) with the service the agency is providing, and that the agency's plans and campaigns are all going in the right strategic direction.

Moreover, in earlier times, the diverse variety of work carried out by agencies meant the account manager worked with the client on a multiplicity of marketing services, and was expected to oversee all of them. This meant the account manager worked closely with many of the client's marketing personnel and got to know them and their business exceedingly well, in every aspect. Nobody else in the agency knew a fraction as much about the client's business as the appointed account manager. So good account managers were very powerful. They were the lynchpins of the agency organization. They could, and frequently did, take their clients with them when they switched jobs.

Today things are not quite the same. Yes, account managers are still highly important. They are still responsible for supervising and coordinating all the work the agency does for their clients. But the work the agency does is relatively specific. The agency creates new campaigns, carries out the account planning relevant to those campaigns, and liaises with the client's media agency. Account managers orchestrate these activities. But account planners, too, develop close relationships with clients. So do creative people. So account managers have far less personal control than they did. Moreover, clients work with a raft of different marketing services companies, and their personal relationships with each of them tend to be less close than they were with the multifaceted full-service agencies of the past. Strong account mangers do still, occasionally, take their clients with them when they switch jobs, but in large agencies this happens rarely. Because in addition to all the factors listed above, most major clients are now handled internationally.

International advertising

Naturally, advertising has not been immune to the globalization of world trade. Far from it. Most global companies are also global advertisers. International cosmetics, perfume, and fashion companies have been running global campaigns – mostly in top-class fashion magazines – since the 1930s. But the rush into global advertising by mass consumer goods companies did not really get going until the end of the 20th century. And even now, the reality is that there are very few campaigns that are literally global. Most are multinational – that is, they run in many countries, but in many others, local laws, local customs, and local competitors force variations from global uniformity.

In a shrinking world, the commercial benefits of global – or anyway multinational – advertising are indisputable. Central control of campaigns is easier. International travellers see the same campaign everywhere, instead of a mish-mash of different campaigns in different countries. As national cultures become more homogeneous, campaigns that succeed in one country usually succeed in others. The transference of such knowledge from country to country is one of multinational companies' key commercial strengths. And globalization means creative costs can be amortized – though the savings from amortization are generally far less than novitiate global advertisers expect.

But while the benefits are clear, the mechanics are complicated. The world is not nearly as homogeneous as the protagonists of globalization like to claim. Almost everything changes as you move from country to country: landscape, architecture, language, laws, traditions, people's physiognomy and clothes, and often the product formulation and its packaging. Advertisements can be, and are, made to skirt around these differences, but many end up fairly bland in consequence. Hence the creation of truly effective multinational campaigns demands a great deal of inter-country discussion and coordination.

Whether or not their campaigns are homogeneous throughout the world, global advertisers usually seek to use the same creative agency throughout the world. Even if the advertisements must vary by country, for the client there is a great benefit in having a single agency that can coordinate its advertising everywhere. Consequently, all the largest agencies have structured themselves to handle international clients. They appoint global client service directors (whatever their exact title), who are responsible for the way the agency services the clients across the world. Global client service directors live in aeroplanes (and in luxury hotels), and wield considerable power – similar to the power of the account manager in the old, full-service agency. Nobody else in an agency knows nearly as much about a client and its international operations as the global client service director. And the worldwide turnover and profit of a single global client may far exceed the turnover and profit of the entire local agency in some, smaller countries.

To handle their global clients, agencies have therefore developed matrix management to a high level of sophistication. Both local and international managers have interwoven and overlapping responsibilities for services and profitability. It is a complex new game, calling for close teamwork. But agencies are rapidly learning to get good at it: they have to.

Specialist agencies

Most of this chapter has concerned general, rather than specialist, creative agencies. This is because the larger creative agencies, both nationally and internationally, are all generalists. That is, they handle the advertising needs of clients in almost every manufacturing and service sector. They willingly do so because, first, clients seldom allow their agency to handle the advertising of their competitors. An agency can work for, say, only one automobile client, one petfood client, one toiletries client, and so on. So if an agency wants to build up its business, it cannot afford to specialize in a single market sector. Second, most agency people enjoy working for clients in different sectors. They find it stimulating, and they transfer the knowledge they acquire from one sector to another. (This is one of the key reasons why advertisers are generally unable to create their own in-house agencies – though many have tried.)

However, there are a small number of specialist agencies that handle certain classes of business. Specialist agencies handle cinema advertising, theatre advertising, recruitment advertising, direct response coupon advertising (off-the-page), pharmaceutical company advertising, and technical financial advertising. In these areas, clients are seldom concerned about their agency handling competitors' campaigns. They are more concerned that the agency should be conversant with their particular commercial needs, and with any legal requirements that apply specifically to their sector – and generalist agencies seldom are.

Additionally, as noted on page 29, in recent years a group of creative agencies has emerged which specialize in Internet and other digital advertising. These agencies are usually subject to the same constraints regarding the handling of directly competitive clients as general agencies are – but clients interpret the constraints more leniently, as the digital agency sector is still relatively small, and the skills involved are relatively scarce. It is widely agreed that the creative skills involved in developing a digital campaign are different from, but similar to, the creative skills employed in other media. An article in the authoritative *International Journal of Advertising* in 2009 listed 'The Six Principles of Digital Advertising' as:

1) Advertisers must be sensitive to consumer concerns about privacy and spam.
2) Consumers are more likely to be receptive to digital ads from advertisers they trust.
3) Consumers are more likely to respond to digital ads for products that are relevant to them.
4) Digital approaches that incorporate interactivity are more likely to be effective.
5) In the digital context advertising messages that are entertaining have a higher chance of success.
6) In the long run, digital messages need to build the brand to be effective.

Several of these principles apply across all media (principles 2, 3, and 6 – and to some extent 5). The others are clearly specific to digital advertising. It is this overlap which has made it unclear whether, in the long term, digital agencies will be merged into general agencies or will continue to plough their own furrow. On this question, the jury is still out.

The creative agencies have now created the advertisements. Let us go on to explore how the media agencies will buy the space and time in which the advertisements will appear.

Chapter 6
The media agencies: spending the clients' money

In neither Britain nor the USA was the bisection and compartmentalization of creative and media-buying services universally welcomed by everyone working in advertising; nor was it entirely logical. While the split was in progress, many argued – some still argue – that selecting the media and creating the advertisements are intrinsically part of the same process: the process of producing a cost-effective advertising campaign. They complained that the split would result in each type of agency focusing myopically on their own narrow specialism and failing to see the bigger campaign picture. Though advertisers, and agency managements, have worked hard to minimize this myopia, there is some justice in the complaint. Creative and media agencies seldom communicate as thoroughly as they should, and seldom fully appreciate each other's point of view. As things currently stand, however, the trend to specialization which caused the split seems irreversible. The separation of creative and media agencies seems here to stay.

It is undeniably true that the personalities and talents of the individuals who work in each type of agency are so different as to be almost antipathetic, and it was this antipathy which, in part, led to the rift. Yes, both are called upon to think innovatively. But people in media agencies tend to be far less volatile, egotistic, and intuitive, far more grounded, numerical, and process-driven.

Though they do not need to be masters of differential calculus, and few are, the successful individuals in media agencies have an instinctive feel for figures – and they need it, because they spend a great deal of each day poring over and analysing computer data. Poring over and analysing computer data is anathema to most creative people.

Fish where the fish are – at the lowest possible cost

The simplest way to define the role of the media agency is to take an analogy from fishing. The media agency must help advertisers fish where the fish are – at the lowest possible cost. 'Fish where the fish are' is a maxim which applies to all areas of marketing, not merely advertising. The 'fish', in the analogy, are the target market. It is common sense for fishermen to fish where the fish are; a fisherman would get nowhere fishing where no fish are to be found. Likewise, marketers will get nowhere advertising in media where none of the target market will see the advertisements.

But the analogy goes deeper. Before deciding where they are going to fish, fishermen must take into account the cost. It will generally cost an angler more to go where there is an abundance of fish to be caught, especially if the fish are of a particularly high quality; similarly, a trawler captain will carefully assess the cost of sailing any distance to find a large shoal of fish, in order to ensure the trawl is profitable.

Finding the best place to find the fish – which equals identifying the best media in which to find the target market – is the first, strategic role of the media agency. Ensuring that the fishing is then as cheap as possible is the second role of the media agency.

In a media agency, these two roles are called *planning* and *buying*. The former is the strategic role, the latter calls for great negotiating skill. Although media rates and prices are published, the costs of buying campaigns are highly negotiable. But the two roles are not quite as separate as they may sound: planning and buying must be welded together. A negotiated price will only be a bargain if it meets the strategy of the campaign. Buying cheap space simply because it is cheap is patently a waste of money. (It is the equivalent of paying nothing to fish in a place where there are no fish!) So not all media agencies separate the two roles. Some media agencies employ individuals called 'planner/buyers' who do both jobs, others divide planners from buyers, though the two individuals must work closely together. Naturally, the different agencies which follow the two different structural routes are all convinced their route is the best one.

Whatever its internal structure, the strategic first role of the media agency will be to select and recommend which broad media sector or sectors should be used to reach the target market: newspapers, magazines, television, radio, direct mail, posters and transport, cinema – or the Internet. Or a combination of several of these. The media agency will reach this decision in collaboration with the advertiser, and usually with the creative agency too. The advertising strategy document will, as always, play a key role. The advertising strategy will have defined the key objectives of the campaign. The broad media selection will then seek to meet these objectives, and as we shall see, it will be based on three fundamental factors: the budget available, the technical nature of the medium, and the medium's coverage of the target market.

Once the medium, or the combination of media, has been chosen, the media agency will refine its recommendations further. It will select and recommend the precise details of how, where, and when the campaign should appear, within the chosen media. These decisions will again be discussed with the advertiser, and possibly with the creative agency, but this is the primary territory of the media agency. Planning and implementing the detailed placing of the campaign are the media agency's key expertise.

Selecting the medium

As stated above, the three fundamental factors involved in selecting which media sector to use for a campaign – the budget, the nature of the medium, and the coverage of the target market – interact. All three must be taken into account when a campaign is being planned. There are no prizes for getting two right if the third is wrong: you will not achieve two-thirds of the hoped-for results – you will be lucky to get any results at all.

The budget

Manifestly, the size of the available budget will be a prime factor in choosing which medium to use. However, nowadays all media sectors are highly diverse, which means they are highly flexible. For any given campaign, it is possible to buy large advertisements or small ones, to buy many advertisements or few, to buy advertisements that will reach large numbers of people or small numbers of people. In every case, the price of the advertisements, and thus of the total campaign, will vary. As in most purchasing situations, bigger buyers get quantity discounts, even if the exact nature of such discounts may not always be readily apparent. (For example, the cost per second for a 30-second spot is cheaper than the cost per second for a 15-second spot, as television companies prefer to sell longer spots – but a novice buyer may not notice this.)

So there is no fixed entry price for any one medium. Today there are so many media, and so many advertisers, that media prices reflect supply and demand very precisely: in economic terms, the market for advertising is a free market, open and highly competitive. By buying selectively, and knowledgeably, an advertiser can make a small budget go a long way – with the aid, that is, of a topnotch media agency. Nonetheless, it is unwise to try and stretch a small budget too far. The available budget might be sufficient to buy, say, one whole page in a mass-circulation national newspaper. But if so, that would seldom be the best way to spend the money. In normal circumstances, for most campaigns, more and smaller advertisements in that same newspaper, or more large advertisements in newspapers with smaller circulations, would both be better options. (But if the advertising strategy called for maximum impact on a single day, the whole page in the mass-circulation newspaper *might* be the right thing to do.)

Television is a good example of how all this works. Overall, national television is the most expensive medium. But there are now many specialist television stations with relatively small audiences, where advertising spots are relatively cheap. You pay for what you get: the smaller the audience, the lower the price. Likewise, spots can be bought quite cheaply on even the largest television stations when audiences are small: in the middle of the night, say. Once again, the smaller the audience, the lower the price. Consequently, many advertisers with fairly small budgets exploit the lower prices available from the cheaper television stations, and the cheaper times – while advertisers selling mass consumer goods need to reach mass audiences, and so there is little point in them buying spots that are seen by only a few people. These same principles apply, suitably adapted, across all media.

The nature of the medium

For advertising, every media sector has, by its very nature, certain inherent characteristics. Most of these are plain common sense. Television, cinema, and the Internet have sound, vision, and movement. Radio has only sound. Newspapers and magazines provide space for long copy, which people can read at their leisure, and they are highly portable. Posters have the impact of size, and can be sited near retailers where customers make their purchases. Direct mail and emails can be highly personalized.

Despite the welter of market research that is nowadays available, none of these characteristics can be exactly quantified in financial terms. However, the varying characteristics provide varying advantages for different kinds of product. The skill, for the advertiser and their media and creative agencies, lies in selecting the medium which is most appropriate – that is, likely to be most persuasive – for the product or service being advertised. Some products demand the kind of explanation that only printed copy can provide; some products need to emphasize their appetite appeal, using high-quality colour photography or cinematography; some products can be perfectly well advertised using sound alone; some products benefit from the personal feel of a letter. Using the nature of a medium to its full advantage will maximize the effectiveness of a campaign – and often make a limited budget punch well above its weight. It is always 'horses for courses'.

Coverage of the target market

Without further belabouring the 'fish where the fish are' analogy, this is the absolutely key factor in choosing the right medium. If the medium does not reach the people who may make a purchase, the advertising is totally wasted. It might be thought that the 'safe' way to avoid such a danger is to advertise in media which reach, as near as possible, 100% of the national population: if *everybody* in the country sees the campaign, then the target market will, by definition, have been reached. Very nearly 100% of the population *can* be reached by television, by a blanket national press or poster campaign, or by a blanket national direct mail campaign of the kind the government employs when wishing to communicate with the entire country. However, this 'safe' route ignores the second part of the 'fish' analogy. Taking this route will almost invariably be unnecessarily expensive. It is therefore unlikely to be the most cost-effective route possible. In reaching 100% or thereabouts, the advertiser will inevitably be paying for advertising that will reach a huge number of people who will *not* make a purchase. In other words, the campaign will waste a fair proportion of the available budget.

To spend the budget as cost-effectively as possible, and thus reach the fish at the lowest possible cost, the target market will need to be defined with considerable accuracy, and this group will then need to be correlated with its media usage. Market research surveys such as the Target Group Index will be an invaluable tool in correlating the coverage of the target market achieved by different media sectors. And often the advertiser will then decide that the cost of reaching close to 100% of the target market is too high – that it is more cost-effective to achieve a lower coverage, more cheaply. (To go for fewer fish, at far less expense.) The media agency will be able to provide the advertiser with a chart showing the incremental costs of reaching, for example, 60% / 70% / 80% / 90%... of the target market. The advertiser will then be able to make an informed judgement regarding the level of coverage to be aimed for, at an acceptable cost.

Having selected the basic media sector, or sectors, the media agency will get down to planning the detail of the campaign.

Size, frequency, and timing

To a large extent, the principal expertise of a media agency is to choose between trade-offs. Once the size of the budget has been set, and the selection of the media sector(s) to be used has been determined, the media agency must slice up the available money in the most cost-effective way between the key media.

If the advertiser's budget were infinite, unlimited, then the media agency would be able to achieve 100% coverage of the target market, with huge advertisements and lengthy commercials, which would appear constantly, without cease. But no budget, of any kind, is ever infinite or unlimited. This unrealistic picture of a fairy-tale campaign highlights the need for the trade-offs. The media agency has to recommend, as we have seen, what percentage of the target market it is economical to reach – and then how big the advertisements should be, how often they should appear, and how long the campaign should run.

Again, all these factors interact. If bigger advertisements or longer commercials are used, this will mean they must appear less frequently. Similarly, if it is necessary for the campaign to run for an extended period of time, it will be necessary for the advertisements to be smaller (or shorter), or to appear less frequently – or possibly both. When a campaign is being planned, there are no precise right and wrong answers to most of these questions. But a good media agency, employing a combination of numerical analysis and past experience, will be able to offer the advertiser clear guidelines. The question of the advertisement's size (or duration) will need to be discussed and agreed with both the creative agency and the advertiser; the frequency and duration of the campaign will mainly be discussed and agreed with the advertiser – though the creative agency will be kept 'in the loop'.

The size of the advertisement will be determined by the extent to which the *awareness* and *impact* are key objectives within the advertising strategy. This is truer of printed and outdoor media than of broadcast media. The public naturally spots the size of a printed advertisement, or a poster, but is much less acutely aware of the length of a television or radio commercial. Generally, the larger a print advertisement, the greater the number of people who will notice it. And at a subconscious level, the public realizes that a larger advertisement is probably about something 'important'. So larger advertisements achieve high awareness and high impact.

But sometimes, surprisingly, these factors are relatively unimportant. Perhaps the product is only used by a small number of people, a small target market. In certain circumstances – remembering there are advertisements which look for people, and advertisements which people look for – smaller advertisements can be far more cost-effective than larger ones. If you are advertising a cough medicine, for example, you only really want the advertisement to be seen by people suffering from a cough. So a small advertisement with the headline 'Bad Cough?' will flag down people suffering – and they are the precise target market.

Similar criteria apply with regard to timing and frequency. Most people plan their summer holidays in the depths of winter – so holiday companies advertise heavily around Christmas and the New Year. Most new cars are bought in the spring and early summer, so automobile advertisers focus on those months. Fashions change in the spring and autumn, so that is when new styles will be advertised, while of course coughs and colds are more likely in the winter, so that is when their medicine campaigns appear. Many of the products people buy are seasonal – but many are not. In these cases, advertisers may aim to boost sales by running campaigns when their competitors are not doing so. Or they may go for short, sharp campaigns of high frequency to dominate the market for a specific period. (Procter and Gamble, the world's largest advertiser, is a great believer in short, sharp, intense bursts of advertising.) In making all these decisions, the media agency will be greatly influenced by past experience. They will know about campaigns that have been run in past years, and how long they have lasted. Like military strategists, they will aim constantly to surprise their clients' competitors by out-manoeuvring them.

Just as the creative agency will constantly be looking for innovative and impactful ways to communicate the advertising messages, the media agency will constantly be looking for innovative and impactful ways to spend the available budget – so long as it reaches the right fish, at the lowest possible cost.

Internet and digital

As was emphasized in Chapter 2, digital advertising has been enjoying rapid growth throughout the world. So far, this growth has almost entirely involved the Internet, rather than telephony. As with creative agencies, media agencies have split into generalists – agencies that handle the entire range of available advertising media; and digital specialists, which focus exclusively on digital media. At the moment, the greater part of Internet advertising is handled by the generalist agencies, but, as in the creative sphere, this situation is fluid and could easily change over the coming years.

Whether generalist or specialist, media agencies have to be conversant with the quite different types of advertising that appear on the Internet, of which the three most important are:

- *Display advertising* – banners, pop-ups, sponsorships, and other 'intrusive' communications which work in much the same way and with the same objectives as all display advertising. They aim to bring the brand to the attention of the target market by building awareness – and sometimes, but not always, they offer the opportunity to click through from the advertisement to the advertiser's website. Display advertising accounts for around 20% of all Internet advertising revenue.
- *Search advertising* – 'search' is the great strength of the Internet, and accounts for approximately 60% of all Internet advertising revenue (the remaining percentage of Internet advertising is accounted for by recruitment classifieds). It is most similar to, in traditional advertising, directory and classified advertising. But its speed and comprehensiveness are unique to the Internet. Search companies – such as Google, Yahoo!, and MSN – carry advertisers' announcements in listings which encourage people to click-through to the advertiser's website to find out more, and often to buy what they want, directly, online. The position of the advertiser's listing on the screen will hugely influence the response it achieves. Research has shown that the first announcements seen by anyone searching, or surfing, the Internet gather the greatest number of click-throughs. Advertisers therefore pay the

search companies a premium to be at the top, or near the top, of their listings.

- *Websites* – websites are most similar, in terms of traditional media, to leaflets, brochures, and catalogues. As with 'search', the user takes the initiative and seeks out the website, either via a search listing or directly via its domain name. The situation is complicated by the fact that not all websites are commercial. Many individuals, and many groups, design and build their own websites. There is no charge for this, beyond the cost of building and registering the site. The 'cost' of websites is therefore not included in Internet advertising expenditure data. Major advertisers, especially retailers, sell directly from their websites, making websites an exceptionally cost-efficient way to obtain sales.

As the Internet continues to develop, new means of advertising – via blogs and social networking sites, for example – continuously come on stream, though most of them find it hard to capture as much advertising revenue as they hoped for.

Like television, the Internet is highly effective for targeting different demographic groups, by special interests, activities, and at different times during the day and night. Internet users can be identified, and their purchasing and other characteristics can be related directly to them. This makes personal Internet targeting far more accurate than any other.

Display advertising on the Internet is charged and paid for in much the same way as display advertising in other media. The rate paid by the advertiser is determined by the size and nature of the audience reached, and by the size and nature of the advertisement itself. And as has already been noted, there is no 'media charge' for posting a website.

'Search' advertising, however, has developed its own unique means of charging: *pay per click*. How much the advertiser pays the search company for appearing on its site will depend on precisely how many times Internet users click-through from the listing to the advertiser's website. This means that the advertiser's cost will be directly related to the number of visitors the website receives, and almost certainly will then be related, albeit less directly, to sales achieved. This close relationship makes the evaluation of Internet search advertising more quantifiable than most other forms of advertising – though no more quantifiable than traditional direct mail.

The campaign is now ready to 'go to bed'. The creative work has been completed by the creative agency, the media have been chosen and bought by the media agency. The advertiser has approved the entire package, and the starting gun is at the ready. Throughout the development process, market research will have been used – and it will continue to be used to check the progress of the campaign once it is launched. Let us now look at how market research fits into the picture.

Chapter 7
Research, research, research

Early days

Advertising can be so expensive, so complex, and the results so unpredictable, that advertisers have long sought to formulate rules which, like scientific laws, will guarantee results. They have hoped there might be a Golden Key, as mentioned at the start of this book, which would unlock the secret of sales success. In physics, scientists know that if they do A, then B will follow; if they do Y, then Z will follow. Might there be some way of achieving the same in advertising? Over 100 years ago there was already a seat of Advertising Psychology at North-Western University, Chicago. The Professor of Advertising Psychology, Professor Walter Dill Scott, addressed the advertising industry Agate Club in 1901 on the subject: 'The Psychology of Involuntary Attention as Applied to Advertising', and in 1909 he published a book titled *The Psychology of Advertising*. This was the first of countless studies that have aimed to show, in psychological terms, exactly how advertising works.

Some 14 years later, in 1923, still searching for the elusive Golden Key, one of the greatest American advertising copywriters of all time, Claude Hopkins, published a book called *Scientific Advertising*. To today's generation of advertising people, the notion that anyone could have claimed to turn advertising into a science nearly a century ago is more than a trifle ludicrous. Nonetheless, Hopkins's book became – and still is – a classic. Hopkins specialized in direct response, coupon advertising, where the results of advertisements can be exactly measured by counting the coupons sent in. Using the coupon response data he acquired over many decades, he developed rules for writing successful advertisements, and many of his rules remain true today – for coupon advertisements. But they do not necessarily hold true for uncouponed advertisements for branded goods; and of course, radio, television, and many other modern advertising media did not even exist in 1923. However, the attempt to turn advertising into a science did not cease. But as worldwide advertising expenditures fell during the 1930s Great Depression, and during and after the Second World War, there was a lull in activity.

By the early 1950s, advertising had started to boom again. In the USA, a new movement that believed it had found the Golden Key emerged in New York and Chicago. This was called *motivation research*, sometimes called *depth research*, and it was loosely based on Freudian psychoanalytic theory. Its thesis was that consumers' buying behaviour was more often emotional than rational, and was influenced – indeed controlled – by people's subconscious desires. The research technique employed trained psychologists or psychotherapists to carry out lengthy, one-to-one interviews with consumers, probing their subconscious minds in much the same way as would be done in clinical analysis. These one-to-ones were, and still are, called 'depth interviews'. Two highly competitive men each claimed to be the 'father' of this type of research: Dr Ernest Dichter (much the more famous) and Louis Cheskin. Both had trained as psychologists and had psychoanalytic experience, and both claimed to have started experimenting with the use of depth probings in the 1930s, even though they did not come to the fore until two decades later.

Motivation research is the subject of what is still the best-known and best-selling book about advertising ever written: *The Hidden*

Persuaders, by Vance Packard (1957). In this book, Dichter, Cheskin, and others make impressive claims regarding the powers of their research techniques. Dr Dichter, for example, claims that successful advertising:

> manipulates human motivations and desires and develops a need for goods with which the public has at one time been unfamiliar – perhaps even undesirous of purchasing.

He also claims: 'We undress people in terms of their rationalisations.'

Such claims caused great concern to many members of the public, who did not like the idea of their rationalizations being 'undressed', nor their motivations and desires being psychologically manipulated. It made them sound like puppets on advertising strings. And this was the scary theme of Vance Packard's book, which made it such a sales success. This was the era when 'brainwashing' was much talked about. (The classic brainwashing movie, *The Manchurian Candidate*, was made in 1962.) But the power to control people's brains, in the ways many then feared, has never existed – and it has certainly never existed in advertising. It must never be forgotten that the claims of researchers – and indeed of advertising people themselves – are often boastful and self-serving. It is in their financial interests to convince advertisers that their researches, and their advertising, are exceptionally potent. This way they win more clients, and the clients spend more money on advertising. So their claims should be taken with sizable pinches of salt: they are frequently exaggerated, and sometimes downright untruthful.

This was unquestionably so in the case of what became, and remains, one of the most notorious pieces of 'research' in advertising history. In 1957, an American market researcher called James Vicary claimed to have substantially increased the sales of Coca-Cola and popcorn in a cinema in Fort Lee, New Jersey, by flashing the messages 'Drink Coca-Cola' and 'Eat Popcorn' on the cinema screen so quickly the audience did not consciously see the messages at all. He dubbed this process 'subliminal advertising' – from the Latin *sub* (beneath) and *limen* (sensory perception). Vicary's findings immediately aroused a welter of public disquiet. Vance Packard publicized the Vicary experiment in the second edition of *The Hidden Persuaders*. People everywhere grew profoundly alarmed about being manipulated by subliminal advertising without knowing it was happening. In Britain, subliminal advertising was almost immediately banned by the television authorities. But Vicary had never persuaded anyone, subliminally, to buy Coca-Cola and popcorn. In 1962, he admitted the whole thing had been a hoax, and nobody has ever been able to replicate the experiment he claimed to have carried out. Subliminal advertising, which people still talk about and agonize about, has never existed. (Recent studies have shown that subliminal communications of various kinds can occur, but there is no proof they can be used in advertising.)

Nonetheless, the phrases 'hidden persuaders' and 'subliminal advertising' entered the vernacular, and became common usage. So much so that the title of the next highly questionable investigation into the powers of advertising was *Subliminal Seduction*, a book published in 1975 by Professor Wilson Bryan Key of the University of Western Ontario. *Subliminal Seduction*, like *The Hidden Persuaders* before it, became a best-seller by playing on the public's fear of being manipulated by 'secret' advertising messages – though it was not nearly as successful as its predecessor.

Professor Key believed that messages promising sexual success were encrypted – he used the word 'embedded' – in

14. James Vicary: his 1957 experiment with 'subliminal advertising' in New Jersey was a hoax

advertisements. He claimed that these embeddings, like subliminal advertising (which had already been disproved), were not seen consciously but nonetheless controlled consumers' behaviour. Professor Key claimed:

> Every major advertising agency has at least one embedding technician in its art department. The technique is taught at most commercial art schools.

This is codswallop. There is not, and never has been, any such thing as an 'embedding technician' in an advertising agency. But once again, the belief that all, or most, advertising works by promising sexual success has stuck. Countless media articles and debates are built on the belief that sex constantly perks up advertising, and that sex will sell anything: sex is the long-searched-for Golden Key. This is codswallop too. There is almost no sex in advertising, though most people refuse to believe it. There are sexy advertisements for perfumes and cosmetics, for fashion and lingerie – all products where a little eroticism hardly comes amiss. Mildly sexy advertisements for other products come and go, but when an ice cream (Haagen-Dazs) had the temerity to use playful but innocuous sexy images in its British campaign, the attendant flurry of nudge-nudge, wink-wink publicity beggared belief. This would never have happened if raunchy advertising were commonplace. It would be astonishing if sex were completely absent from advertisements. But are there sexy advertisements for supermarkets, for household cleansers, for medicines, for financial products? Hardly ever.

The public insist they do not like sex dragged into campaigns irrelevantly, and about one-fifth of the complaints to the UK Advertising Standards Authority concern taste and decency. Moreover, nowadays more than 40% of consumer spending is by the over-50s. They aren't all celibate, but lust is perhaps not uppermost in their minds. For all these reasons, advertisements veer towards the prim rather than the prurient. You will never see remotely explicit sex, or full-frontal nudity, in advertisements in the UK or USA. Compared to the media that surround them, advertisements portray a veritably sanitized world – unrealistic in being far too prudish, rather than too licentious.

The unique selling proposition

Almost all of the above theories came from people outside of advertising: academics and researchers. But one of the most celebrated and influential advertising research processes came from within an advertising agency – and it helped build that agency into one of the largest in the world. The agency in question was called after its founder, Ted Bates. The Ted Bates agency was convinced it had found the elusive Golden Key. Starting in New York, Ted Bates's agency quickly built itself into a worldwide network. The advertising process it developed is always known by its public 'face', the *unique selling proposition* (USP). But in reality, the USP process is a complete campaign development system, in which research plays an integral part.

The USP system certainly starts out by stating that all advertising campaigns should search for, and single-mindedly hammer home, the single fact about a brand which differentiates it from its competitors and will make people buy: the USP. But once this USP has been identified, and incorporated into a campaign, the research aspects of the system kick in. When the campaign is running, the public's awareness of the USP is tracked by research – a measurement we'll return to in the next section – and two figures are calculated:

1) The percentage of the public who buy the brand and who know the advertising USP.
2) The percentage of the public who buy the brand but do not know the advertising USP.

The difference between (1) and (2) Ted Bates called '*usage pull*'. As long as (1) is larger than (2) – the agency claimed – the extent by which it was larger represented the additional percentage of the population the USP had persuaded to buy the brand. This sounds logical: if more people who know the USP buy the brand, presumably it is the USP that has persuaded them to buy. And the greater the difference between (1) and (2), the greater the power of the USP. If (2) was more or less the same as (1), then the USP was not persuading anybody extra to buy the brand: the USP was unpersuasive. And in those unusual cases where (2) was larger than (1) – where among those who knew the USP, fewer people bought the brand than those who did not know it – the USP was actually putting people off, the usage pull was negative. A campaign that did not demonstrate sufficiently positive usage pull would itself be pulled off air.

Ted Bates claimed that by accurately identifying USPs, and then measuring their usage pull, they could significantly increase advertising effectiveness. And from the early 1940s until the late 1960s, the Bates agency developed and publicized this system with immense success. During those years, the agency did indeed produce some highly effective campaigns for their clients – particularly for the Mars Corporation, for many years their largest international client – and this in turn persuaded many more clients to appoint them. The USP was Bates's own USP, and its usage pull among clients was considerable.

However, over the decades, three changes occurred that seriously undermined the USP system. First, researchers showed that people who regularly use a brand – any brand – are far more likely to know its advertising than people who do not use it. This is called 'feedback'. So usage pull was back-to-front. It isn't knowing the advertising that persuades you to use a brand: if you use a brand, you tend to know its advertising. Or to be still more exact, both things happen at once, and causation either way is impossible to prove.

Second, as economies grew more affluent, and more and more products came onto the market, the functional differences between different brands often became imperceptible. The main differences were brand image differences – the public perceived the brands differently, sometimes knowing full well they had all but indistinguishable product specifications. So brand image advertising grew in importance, and the importance of traditional USP advertising dwindled.

Third, and associated with this, the USP system was highly verbal. A USP must be a fact expressed in words, so that people's recall of it is easy to assess. But conveying brand images may be more visual than verbal, and many commercials may also employ powerful (wordless) music. As Dr Dichter had insisted, consumers often buy products for emotional rather than rational reasons – reasons they themselves may not be able to identify, let alone put into words.

The USP system went out of fashion, and with it Ted Bates's own usage pull. However, the basic principle of identifying the single fact which differentiates a brand from its competitors, where one such fact can be identified, remains a key factor in most modern advertising strategies.

Research today

Advertising research today has naturally absorbed much of this historic learning, and has long ago stopped searching for an overarching Golden Key. Research today deals with the separate parts of the advertising process bit by bit, seeking to improve potency and effectiveness incrementally as the campaign develops. It is unlikely that anybody now working in advertising believes there will ever be a holistic, scientific thesis which will guarantee the effectiveness of all campaigns. Everyone recognizes that advertising is far too complex, and too heterogeneous, for this to be possible.

The principal division in campaign research today is between pre-testing and post-launch tracking. Most of the former is carried out under the aegis of the creative agencies; most of the latter is carried out under the aegis of the advertisers, employing their own chosen research companies.

Pre-testing

As we have seen, a campaign starts to take shape when agency account planners have drawn up an advertising strategy, and this has been agreed by their colleagues and by their client. The strategy will include what the advertising campaign must communicate, and to which target market. In the chapter on agencies and creativity, we saw that account planners return to the campaign development process once the creative team has come up with its initial ideas, or concepts. At this stage, they test out the concepts on a sample of the target market.

This testing is almost always carried out in focus groups of eight to ten people, though one-to-one interviews, of the kind pioneered by the motivation researchers, may also occasionally be used. It is vitally important for the interviewees – whether in groups or individually – to be drawn from members of the target market. If the wrong sample is interviewed, the results will not only be irrelevant, they may positively be misleading. To give a simple example: if saloon car drivers are interviewed about a sports car advertisement, they are likely to be highly concerned about the car's safety, and to want safety information highlighted in the advertising. Sports car drivers, in contrast, will be relatively unconcerned about safety, but extremely interested in driving performance and handling. As the saloon car drivers are most unlikely to buy the sports car, incorporating their opinions will positively negate the effectiveness of the campaign. But surprising as it may seem, such mistakes are frequently made.

In a focus group, eight to ten people are brought together, and they discuss the creative concepts shown to them, under the guidance of a skilled group leader – usually an experienced market researcher or account planner. The advantages of focus groups over one-to-one interviews are threefold. Focus groups are far less expensive; they are faster – interviewing eight to ten people at once is inevitably quicker to accomplish than interviewing them individually; and above all, the group members provoke reactions from each other interactively, which the group leader will be able to encourage them to explore together. The disadvantages of focus groups are that the individuals will not have much time to express their personal views; consequently, it is almost impossible to probe deeply into individual responses; and shy individuals may get trampled upon by others – though experienced group leaders aim to ensure this does not happen. It has also been shown that even experienced group leaders tend to influence what the respondents say, try as they may to avoid doing so. (This also occurs in one-to-ones.)

Almost always, several focus groups will be carried out – relying on a single group is far too chancy – and the person who has handled them will consolidate the findings, listening again and again to tape recordings of the discussions, and studying the responses carefully. He or she will then meet the creative team, together with the account executive, and go through the findings. If certain of the findings are negative, the creative team will usually be able to amend the advertisement concept so that it overcomes the target market's concerns. But sometimes this is not possible, and the idea or ideas have to be totally abandoned. Then it is back to the drawing board! As has been said above, creative teams do not generally like their work being criticized and picked apart in this way – and they sometimes argue fiercely with the research findings – but in the end, they have to accept the system.

Only when an advertisement concept has come through this process with flying colours will it be presented, together with the findings of the research, to the client. The famous 1990s 'Guinness Surfers' commercial (loosely based on Moby Dick) which in May 2000 was voted by the British public 'The Best British Advertisement Ever' is a fine example of the account planning process in action. Account planners repeatedly researched it, and its future was often in jeopardy until creative solutions could be found to the problems the research uncovered. This all took over a year – but the outcome was worth it.

On the track

Tracking studies began in the 1950s, but did not become the dominant form of post-launch campaign evaluation until the 1990s. As their name implies, tracking studies track the impact of a campaign after it has begun, with regular surveys. The survey questions can cover many areas: respondents' recall of the advertising campaign, or of different parts of the campaign; respondents' attitudes to the campaign – what they thought was good/bad, what they found interesting/uninteresting, what they liked/disliked, what they found persuasive/unpersuasive, and so on.

The tracking surveys may be carried out monthly, bi-monthly, or quarterly. Less frequent surveys hardly 'track' a campaign, but may be employed when the campaign utilizes irregular bursts of advertising, as lightweight campaigns frequently do. It is vital for each successive tracking survey to use precisely the same questions as its predecessors, to be comparable, and each survey must interview exactly matched samples of respondents. Even the tiniest changes in question wording or in sample structure can produce wild and seemingly inexplicable fluctuations in response levels. Consistency also makes it possible to aggregate normative data. Over the years, research companies and advertisers have learned what levels of response are averagely achievable, for any given level of advertising expenditure, in any given market.

Generally speaking, the tracking data which carries most weight is advertising awareness: what percentage of the public remembers the advertising? The presupposition is that consumers will not respond to advertising they cannot remember. However, it has frequently been shown that consumers may not be influenced by advertising they do remember, while sometimes consumers are influenced by advertising they do not remember, at least not consciously. So advertising awareness is only an approximate, proxy guide to campaign effectiveness, even though it is widely used as a useful, rough and ready, assessment.

Nor is 'awareness' as straightforward as it sounds. As we saw in the section on USPs, awareness is strongly influenced by 'feedback'. Hence major brands, used by large swathes of the population, tend automatically to achieve higher awareness levels than smaller brands, used by minorities. And there are great differences between spontaneous (or top-of-mind) awareness and prompted awareness ('Do you remember any advertising for chocolate?' versus 'Do you remember this advertisement for Mars Bars?'). Verbal, factual messages are easier to remember, or anyway easier to relate during research interviews, than visual or emotive messages. Higher levels of awareness are usually generated by 'public' media – television, print, posters, for example – than by 'private' and tightly targeted media (direct mail, emails, and text messages, for example). But although tightly targeted media generate low awareness, they may be exceptionally sales-effective among those to whom they have been personally addressed.

Despite these caveats, many advertisers now set *key performance indicators* (KPIs) based on tracking results. For example: 'The KPI for the advertising at the end of the campaign is an awareness level of xx%, which must be achieved – or else!' If the campaign does not achieve the targeted KPI, it may well be pulled off air: the advertiser may feel that continuing to run it would be a waste of money. So agencies live in mortal fear that the next tracking result for a campaign they have produced will be a poor one. This is not unwarranted: agencies have been fired for consistently achieving poor tracking ratings.

Few experienced advertisers believe tracking studies are the be-all and end-all of post-launch campaign evaluation – but they have become much the most widely used system.

Other techniques

Though focus groups (pre-campaign launch) and tracking studies (post-launch) have become the standard means of advertising evaluation, researchers regularly invent new techniques which they hope will be more accurate, or more subtle, than these. Almost always, such new techniques are heavily publicized by the researchers who invent them, and garner a great deal of publicity at first – then fade away.

In the 1960s, for example, for a short while pupil dilation became a fashionable measurement technique. Psychologists had shown that respondent's pupils unconsciously dilate when they are shown images they greatly like (an attractive girl shown to young males, for example), and their pupils shrink when they are shown images they dislike (prisoners in Nazi concentration camps, for example). The eyes can be photographed while they view the images, and the pupil changes measured. It was therefore hypothesized that pupil dilation would be a good way of measuring people's responses to advertisements. However, the differences caused by advertisements are far smaller than those caused by more extreme visuals – and anyway, during the transmission of a television commercial pupil size changes constantly, especially in response to lighter and darker images. So pupil dilation failed to catch on.

Eye-tracking – following how eyes move when they look at things – has been used by psychologists in laboratories for around a century. But more recently commercial use has been made of infra-red eye-tracking goggles, which are portable and which show precisely how the eye wanders. This technique can be helpful in exploring the ways people absorb different parts of an advertisement, particularly a print advertisement. But it is no measurement of advertising persuasiveness.

Other devices that can be helpful include tachistoscopes, where an advertisement is revealed for shorter and shorter intervals and respondents are asked what they can see – rather as in an optician's eye test. Sweat measurement is an indicator of involvement and excitement. Interest dials, where respondents twist a small dial while watching commercials to show the parts of the commercial they find or do not find interesting, can reveal useful information. And most recently, brain mapping, where people's brain responses are MRI-scanned while they are shown advertisements and – it is once again hoped – the scans will reveal their true, unconscious responses. Some researchers hold out great hopes for MRI brain-scanning techniques for this purpose. All that can be said at the moment is that they are a long way off producing any really useful data.

Chapter 8
The good, the bad, and the ugly

'The all-deafening blast of puffery'

Perhaps because it is so intrusive, and perhaps because people are suspicious of its manipulative powers, advertising has long been subject to criticism, antagonism, and fear – far more so in Britain than in the USA. The snooty attitude of the British aristocracy, and of British intellectuals, to trade and commerce of all kinds is of long standing, as is their distaste for selling and salesmen. These attitudes are much less prevalent (though not totally unknown) on the other side of the Atlantic. As long ago as 1830, the British essayist and historian Thomas Macaulay, decrying advertising, wrote: 'We expect some reserve, some decent pride, in our hatter and bootmaker.' Not long afterwards, the Scottish intellectual Thomas Carlyle was similarly sour about what he called 'the all-deafening blast of puffery'. By the end of the 19th century, an influential pressure group called SCAPA (Society for Controlling Abuses of Public Advertising) published a membership list that included many of the most notable writers and artists of the day. William Morris, Rudyard Kipling, Holman Hunt, Sir Arthur Quiller-Couch, and Sir John Millais were all SCAPA members. But the public was apathetic; 500 copies of a SCAPA pamphlet were printed, only 30 were sold.

This broad pattern of response to advertising has continued ever since. Many, perhaps most, writers, academics, and even politicians are to a greater or lesser extent antagonistic to advertising, a hostility which the mass of the public does not share. However, the former group controls many of the levers of power in society. So, ever since the middle of the 19th century, advertising has been increasingly hedged about by laws and controls – probably more than any other single trade.

This was spotlit when commercial television came to Britain in 1955. While the Bill that introduced commercial television was passing through the House of Lords, Lord Reith, the intense, puritan Scot who was the driving force behind the development of the BBC from 1922 to 1938, compared the introduction of television advertising with the introduction into Britain of smallpox, the Black Death, and the bubonic plague. Other noble lords felt similarly. Lord Hailsham likened commercial television to 'a Caliban emerging from his slimy cavern'. Lord Esher forecast 'a planned and premeditated orgy of vulgarity'. Most of these horrific fears were based on what many British intellectuals believed was the coarse and crass nature of American television. The public did not share these fears; they welcomed commercial television with open arms.

However, parliament exerted its austere powers. The Act that brought British commercial television into being enshrined precepts which determinedly differentiated it from the dreaded American model. In particular, advertisements would have to be totally separated from programmes – hence the invention of the 'commercial break' – and the total quantity of advertising permitted would be strictly controlled (initially just 6 minutes per hour). A statutory committee would control standards of advertising, and this committee would draw up a set of rules which would have to be precisely followed. British viewers, the parliamentarians believed, needed to be protected from the excesses of American commercialization – and they were. Before a commercial can be made in Britain, the script has to be approved, to ensure it meets the required advertising rules. After it has been filmed, it has to be approved again, to ensure the script has been rendered accurately, with no liberties taken. The regulator's interpretation of the advertising rules is meticulous, and both advertisers and agencies have constantly railed against how unimaginatively the rules are applied. But the parliamentary Act, and its successor Acts, insist the rules be minutely adhered to.

The Advertising Standards Authority

From its inception, then, television advertising in Britain was statutorily controlled. But the situation in other media was very different. The press, in particular, had battled hard for its freedoms during the 18th and 19th centuries, when politicians had constantly tried to handcuff it and restrict what it could say. While these battles primarily concerned editorial freedoms, they also involved advertising freedoms. Advertisers were free to say what they liked, as long as they did not break the law – and it is fair to say that many less than scrupulous advertisers pushed their freedom to the limit. In the mid-19th century, advertisers would promise to cure every malady known to mankind and quite a few that were not – such as 'DEATH in the Boot, is the new affliction with which all who wear footwear are threatened' – safely cured, one is relieved to hear, by 'O'Brien's Patent Watertight Waist Foothold Golosh'. Nor were our American cousins to be outdone. In New York, a Dr Scott invented an extensive range of 'electric' products utilizing the almost magical power of the then recently discovered electricity. One was an 'Electric Cigarette'. Another was 'Dr. Scott's Electric Plaster – A NEW INVENTION – electrically cured Colds, Coughs and Chest Pains, Nervous, Muscular and Neuralgic pains, Stomach, Kidney and Liver Pains, Dyspeptic, Malarial and other Pains, Rheumatism, Gout and Inflammation', all achieved 'IN ONE TO THREE HOURS... if not entirely satisfactory the price will be cheerfully refunded'. So the evidence is unequivocal. Left to their own devices, advertisers will eagerly push their claims to the limit of truth – and sometimes well beyond.

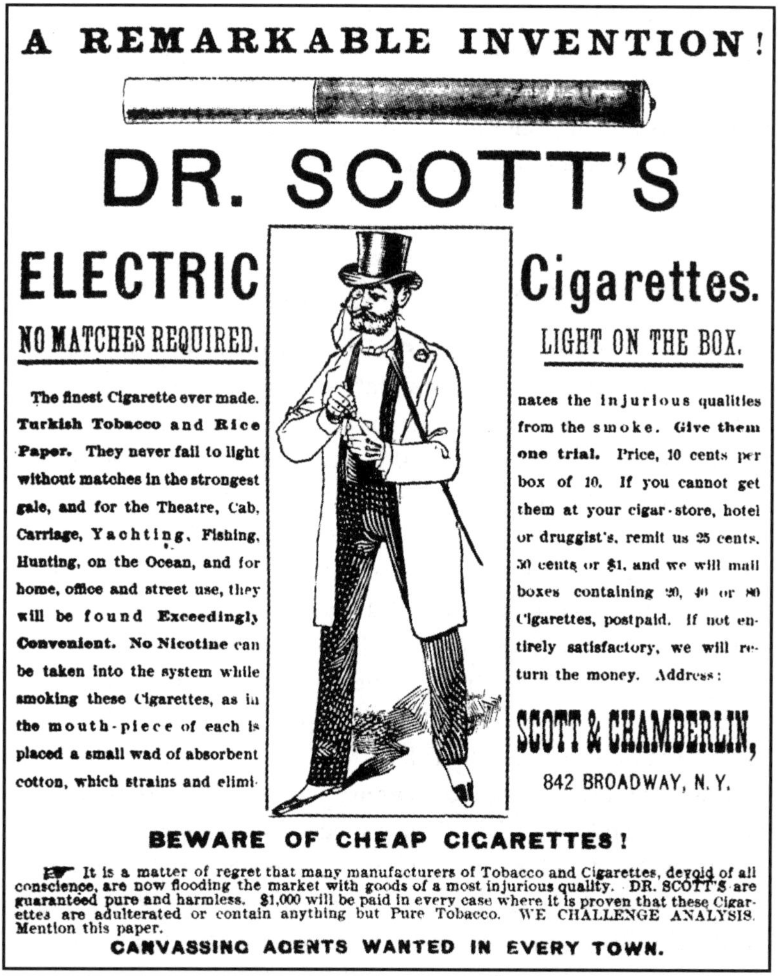

15. Left to their own devices, advertisers will eagerly push their claims to the limits of truth, and often well beyond

Consequently, advertisers' freedoms could not remain wholly unconstrained. A landmark case occurred in 1891, when a Mrs Carlill bought a 'Carbolic Smoke Bomb' whose advertisement guaranteed protection against influenza (and many other illnesses), or £100 reward. The Smoke Bomb bombed. Mrs Carlill caught the 'flu, sued for her £100 under Common Law, and won.

The court viewed the advertisement as a contract. Thereafter, the UK Sale of Goods Act was passed in 1893, which greatly increased consumers' civil remedies over and above those provided by the Common Law. The 20th century saw a continuing escalation of the legal power of consumers, against advertisers.

For members of the public, however, taking errant advertisers to court is a time-consuming and costly business – and there is no guarantee the complainant will win the case. It quickly became apparent that the public needed to be protected by an advertising control system far less ponderous, and less expensive, than solicitors and courts. Even before the Second World War, pressure built up for the advertising industry to put its house in order, and to regulate itself. In 1927, the UK Advertising Association set up the first self-regulatory National Vigilance Committee, which a year later was expanded into the Advertising Investigation Department (AID). Though puny by today's standards, the AID helped drive shady operators out of business, persuaded agencies to stop handling fraudulent advertisers' campaigns, and dealt with 1,169 complaints from the public in 12 months during 1936–7.

After the Second World War, once Western economies were thriving again, from the 1960s onwards, consumerism – consumers lobbying for better trading standards and for consumer protection – grew apace. In 1962, the first Advertising Standards Authority (ASA) was set up to handle consumer complaints about advertising. But it soon became clear this ASA was a toothless tiger. It was underfunded, and therefore understaffed, and its powers were nominal. Just over a decade later, in 1974, Britain found itself with a government led by left-wing Prime Minister Harold Wilson. Wilson scorned advertising, believing it to be a waste of economic resources (as did many economists at this time). In 1974, the advertising industry was warned by the government that if it did not control non-television advertising as effectively as television was already controlled, new laws would be enacted which would force it to do so. As we have seen, the print media's dislike of government controls is buried deep in their DNA, so this threat spurred the print media, and advertisers, into an immediate response.

In 1975, a far larger, and far better funded, Advertising Standards Authority opened for business. The money was raised – and is still raised – by a 0.1% levy on all advertising expenditure, paid by advertisers and collected by their agencies. Its independence from pressure by advertisers was built into its fundamental structure. In cooperation with the advertising industry, and with the approval of the government, Codes of Advertising Practice were written, and these are regularly updated. It is the ASA's role to enforce these Codes, and it was not long before the new ASA showed its claws, in a series of tough decisions against misleading and dishonest advertisers. Public and political respect for the ASA grew apace, and its powers have since been consistently extended. In the early 1990s, direct mail and direct marketing were brought under the ASA's wing. In 2004, television and radio advertising regulation was entrusted to it, a complete reversal of the situation in earlier years. And today, most Internet advertising also comes within its control. A levy of 0.1% does not sound that much – it isn't that much – but it raises around £10 million annually. Consequently, the ASA's highly trained staff of more than 100 people is able to deal with over 25,000 public complaints against advertising each year – of which fewer than 10% normally prove justified.

The ASA is now widely regarded as an exemplar of enlightened self-regulation, both in advertising and outside of advertising, in Britain and throughout the world.

Brands and bad habits

Successful though it has been, the ASA deals only with individual advertisements, on a one-by-one basis, deciding whether they infringe the Codes of Advertising Practice. This system, however, sidesteps questions relating to the advertising of entire product groups: alcohol, for example, or fast cars, or fatty foods – or cigarettes. Consideration of the role of entire advertising sectors remains the responsibility of governments.

From the early 1960s onwards, cigarettes were the advertising *cause celebre* on which political, medical, and public attention focused. Advertising and smoking first became an issue in March 1962, when the Royal College of Physicians published its 'Smoking and Health' report. Two years later, in January 1964, the US Surgeon General published his own report on the connections between smoking and health. Both reports established a close correlation between smoking and serious illnesses, especially lung cancer, and both called for a ban on cigarette advertising to children. In Britain, this resulted in a call for a total ban on television advertising. Such a ban would be fairly easy to enact because television advertising was statutorily controlled. A ban on advertising in other media would need parliamentary legislation, which the government knew the press would fight tooth-and-nail. Parliament therefore baulked at the latter, but cigarette advertising on UK television was stopped on 1 August 1965. At that time, the Minister of Health opined in Parliament: 'I rather doubt whether this intensification of the campaign (against smoking) will result in any sudden or dramatic drop in cigarette consumption.' He was right: cigarette smoking continued to rise in Britain until the mid-1970s.

Cigarettes were not the only goods, or services, banned from advertising on television. Nor were they even, as cigarette advertising protagonists frequently claimed, the only goods banned on television which could be legally bought and sold. Breath-testing devices, matrimonial agencies, fortune tellers, undertakers, and even (at that time) charities and gambling, as well as politics and religion – all of which could be legally advertised in other media – had been banned from commercial television from its start. But it was not unreasonable to view cigarettes as a special case. Nothing similar had ever occurred in Britain before. Cigarettes were a highly popular, mass consumer product used by the majority of the population, providing income and employment to hundreds of thousands of people, perhaps millions indirectly, and heavily taxed, thus providing the state with considerable cash to help underwrite many social needs. There was no evidence that banning television advertising would do any good at all. In imposing the ban, the government was feigning social responsibility while in reality engaging in a cosmetic gesture to appease vociferous pressure groups. And as it turned out, the ban achieved little or nothing. In the years that followed, health warnings appeared on packs and advertisements, government anti-smoking campaigns were run frequently, and a constant stream of medical reports publicized the dangers of smoking. In the end, the only measures that truly made people smoke less were massive tax increases, which made smoking unaffordable, and bans on smoking in public places. Despite all of which, about 10 million people in Britain still smoke, almost 25% of the adult population, nearly half a century after the ban on television advertising.

Underlying the debates about smoking are fundamental questions about the influence of commercial advertising on social behaviour. To what extent can bans on advertising realize social engineering goals? Pressure groups everywhere in the world believe that alcohol advertising makes people drink more, car advertising makes people speed, toy advertising makes kids pester their parents, fast food and confectionery advertising makes kids (and adults) obese, slimming advertising makes girls anorexic, and medicine advertising makes people hypochondriac. It seems perverse – not to say self-serving – for the advertising industry to deny all this. If advertising does not increase these habits, and these markets, why do advertisers advertise?

16. Does alcohol advertising make people drink more?

At the close of the 20th century, as these sectoral attacks were growing in number and frequency, the UK Advertising Association Economics Committee responded by researching and publishing a report titled *Does Advertising Affect Market Size?* The objective was to determine whether, for example, advertising for alcohol brands truly does make people drink more (or make more people drink), toy advertising truly does make parents spend more – or toilet soap advertising makes people wash more. As with many such advertising studies, there was no simple, definitive answer. To quote the report:

> There is always the possibility that advertising affects the size of a particular market, but its scale and significance are highly variable.

Brand advertising, the study showed, rarely increases the size of a market (or product sector) if the market is large, long-established, static, and satisfies a basic need. Nor do advertisers expect otherwise. Toilet soap advertisers do not expect their advertising to make people wash more, any more than petfood advertisers expect people to buy more pets or feed them more. Nor do newspapers, when they advertise themselves, hope people will read more papers. In all those cases, and countless others, the aim of the advertiser is to increase market share, at the expense of competitors. And that is precisely what the advertising – if it works at all – achieves.

On the other hand, in markets (or product categories) that are small, or new, or are already growing, brand advertising does appear to fuel growth, and gets more people to use the product, or gets people who already use the product to use it more. New electrical and electronic gadgets and equipment, for example, fall into this latter category, as do new snacks and hobby products. Once again, what happens is not accidental. In such markets, the advertiser wants to stimulate growth, because as the market becomes larger, the sales of all the brands within it increase commensurately.

But most of the products and practices that the pressure groups want to ban from advertising – alcohol, 'junk foods', advertising to children, and so on – fall straight into the former category: large, static, well-established markets. That is why the bans are ineffective. It is worth pointing out that when advertisers deliberately aim *to increase* the sales of large, static, well-established products – as they have tried to do for milk, eggs, and meat in the past, for example – those campaigns have been equally ineffective. Once society has made its mind up about a particular product, over many years and often centuries, advertising is not nearly a sufficiently powerful force to make people change their minds. Advertising can most definitely sell brands, but its role in social engineering is minimal, if it exists at all. (It is true that advertising has helped discourage drunken driving. But, as with smoking, the advertising was backed by strong legislation, police activity, breathalysers, and relentless press publicity. Advertising alone would never have done the trick.)

Chapter 9
The role of advertising in society

'Do you think advertising is a moral activity', I recently asked the 30 or so graduates I was addressing at a seminar. The graduates had been working in advertising agencies for two or three years. There was a stony silence.

'What do you mean by a moral activity?', one of them asked, eventually.

'Well . . . do you think advertising really does good for the general public, for ordinary people, for men and women in the street?'

The graduates looked bewildered.

'There's the "Don't Drink and Drive" campaign', someone eventually said thoughtfully. 'That does good. That's moral.'

'And the Give Blood ads', piped up someone else. 'They're good too. And some charity adverts I suppose.'

'Anything else?', I asked hopefully. But that was it. Nobody could think of any other advertising which they thought moral, or which did any good for the general public, the men and women in the street. I felt profoundly depressed. Here was a group of lively young people, about to spend their lives working in an industry which, as far as they were concerned, provides almost no worthwhile benefits to society. With the exception of a few government and charity campaigns – a minuscule proportion of total advertising – they could think of nothing morally good to say about their chosen career.

As we have seen, they are not alone. They were all well educated, with good degrees from good universities. Most educated, intellectual people are innately hostile to aspects of advertising. Some, like Lord Reith, are innately hostile to all aspects of advertising. It would be astonishing if anyone as hostile to advertising as Reith would choose to work in the industry. But without being as hostile as Reith, many of those who work in advertising have personal qualms about their job. And whether or not they personally have qualms, they soon become used to being verbally attacked by advertising's critics at social events – and quite adept at answering such critics, and fending off their attacks, whatever their own qualms.

However, few of them are much good at turning the criticisms on their head, and showing advertising to be a highly worthwhile, indeed moral, business – a business that ordinary men and women in the street benefit from directly, every day, in countless ways. People in advertising get pretty good at defensively arguing that it does little, if any, harm, but – as the graduates at the seminar demonstrated – they seem unable to show it does any positive good. Yet it does.

As we saw in the first chapter, advertising involves a tripartite of three different groups – plus, in fact, a crucial fourth group, unmentioned in that chapter. The tripartite groups mentioned are the advertisers, who spend the money; the media, who get about 90% of the money the advertisers spend; and the agencies, who create the campaigns, buy the media – and make it all happen, for the remaining 10%.

Which, then, is the crucial fourth group involved in advertising? The fourth group is the general public, the consumers, the ordinary men and women in the street who are (or are not) influenced by the advertisements. This is the group the critics are usually concerned about when they question the morality and benefits of advertising. But this group is not wholly separate to, or different from, the other groups. All four groups overlap and interact: they are generally the same people, with different hats on – the same members of society, in different aspects of their lives. However, to analyse its morality, it is essential to explore how advertising affects people – affects all of us – when we are wearing these different hats.

Advertising helps employees

Let's begin, then, with the advertisers. In the context of morality, the advertisers concerned are usually large companies. Nobody would claim that large companies always behave perfectly. But equally, nobody would deny that there are two things large companies have to do supremely well, if they are to stay in business over the long term. They have to employ and manage sizable numbers of employees, and they have to make profits. So the majority of those men and women in the street earn their pay, or are in the families of those who earn their pay, from major advertisers. In short, they earn their money – for their food, their clothes, and everything else – from the large companies, the major advertisers.

It might be, of course, that the money the large companies spend on advertising is unnecessary, is wasted. In the past, there undeniably were economists who believed advertising is ineffective, and is therefore a waste of resources. Today such economists are few and far between. Over recent decades, countless econometric studies, from all around the world, have established beyond further argument that advertising works. Precisely how well advertising works varies from campaign to campaign, as we saw in the section on the IPA Advertising Effectiveness Awards. But overall, as the IPA Awards prove, advertising creates demand. What does this mean for ordinary men and women on the street? It means employment. Demand creates sales, sales create jobs; no sales, no jobs. Companies cannot employ people unless consumers buy the goods and services those people produce. And more sales mean more jobs. Putting it like that is a tad simplistic, but it is fundamentally true – as any business leader or economist will confirm.

Moreover, when they have jobs, they pay taxes: taxes that fund government expenditure on education, health, law and order, and all the other social amenities we value. Taxes that pay the salaries of all those who work for the government, providing those social amenities. So no consumer demand means no sales, no jobs, no taxes, no social amenities. Naturally, advertising does not do all of this on its own. But it makes a powerful and positive contribution: it helps keep the wheels of industry spinning.

And it helps companies make profits, the profits on which their long-term existence depends. Again, as we have seen, the precise profit advertising generates will vary from company to company, from campaign to campaign. And profits not only keep the companies in business, they are a major contributor to taxes – to more social amenities; and company profits fund investment, to create more jobs in the future – making the wheels spin faster and longer.

So this is the first of advertising's key contributions to society: when people are wearing their workwear hats, advertising creates jobs and all the benefits that flow from them. Maybe this explains why there is no successful economy in the world where there is no advertising.

And while talking about jobs, it is worth noting that approximately one-third of all employees find their jobs as a result of seeing and responding to advertisements. This may not be part of the main debate about the morality of advertising, but it is a substantial benefit to society.

Advertising helps media users

Let's turn to the media, which receive the 90% or so of all advertisers' expenditure. How does this help ordinary people? Well, first, in the UK it provides them with roughly two-thirds of all their broadcast media, absolutely free. In other countries, like the USA, this figure reaches 100% of all broadcast media. And advertising heavily subsidizes the Internet, so that most websites are available either without cost or at a fraction of their set-up and running costs. The digital media revolution, upon which we are all so dependent, has been provided to us for very nearly nothing – paid for by advertising. This is a totally new public benefit.

But advertising's benefits to the media, and thus to society, go wider and much deeper. More than 3,000 consumer magazines are published in Britain. Each one is of personal interest to groups of readers, large or small. And each one is heavily subsidized by advertising, so that its readers – all those men and all those women in all those streets – buy it at a small percentage of its production cost. And research shows that many readers of special interest magazines find the advertisements at least as helpful and interesting as the editorial itself. Some magazines contain only advertisements, with no editorial whatsoever: living proof that their readers value the advertising they contain. As with magazines, so it is with almost all other advertising media, from cinemas to public transport: the revenue they receive from advertising reduces, even if only marginally, the prices they charge the public for what they provide.

But we have not yet got to the most significant media benefit of all. Advertising provides societies with an open, influential, and politically independent press. Without advertising, the price of newspapers would rocket. Then their circulations would plummet. Then the prices would rocket again. The outcome? Our diverse and competitive local and national press would shrivel. Newspapers are already under heavy competition from the Internet. Without any advertising subsidy, many newspapers would close down. A ridiculous thought? Not at all.

Politicians, in all countries, often seek to control the media. In democracies, their efforts to control the media have to be more subtle. As was noted on page 19, in order to control the press, in 1712 British politicians imposed a duty of one shilling on every advertisement published in newspapers. The politicians' aim was deliberately to cut the newspapers' advertising revenue, in order to make the papers more expensive and thus stop people – particularly poorer people – from reading them. This was one of several taxes designed to restrain the power of the press. The advertising tax was steadily increased, and was not abandoned until 1853. As intended, it helped hold back the development of a free press in Britain for almost 150 years. A politically free and critical press, unfettered by any dependence on government finance, is one of the strongest protectors of individual liberty. Advertising plays a vital role in this.

As with advertisers, nobody would claim the media are perfect. But without advertising, the media would be far weaker, far smaller, and almost certainly far more expensive. And the public, now wearing their media-receiving hats, would be far worse off.

Advertising helps national creativity

You will rightly think this is the least contentious area of the debate. Advertising inevitably helps advertising agencies – the smallest sector of the tripartite – as they would not exist without advertising. And advertising agencies are, inherently, founts of creativity.

But this contributes indirect benefits to society too. The agencies provide many serious artists and writers with a regular salary, so they can paint and write their own works. Numerous writers and artists worked in agencies before becoming established in their own right. Many great painters were also great poster artists. Exactly the same is true of film directors, many of whom learned their cinematographic craft making commercials. The agencies provide creative employment not only for the writers and art directors who work directly for them, but also provide employment to a vast hinterland of freelance creative people: photographers, designers, film directors, lighting and cameramen, actors, set designers, lettering artists – as well as those who produce the hardware for all their output: printers, film manufacturers and processors, display and set builders. Together, this sprawling creative network feeds ideas and originality into the nation's creativity, catalysing a cauldron of innovation in both the commercial and the pure arts, from which society benefits immensely.

Moreover, the public – wearing its imaginary 'aesthetic hat' – benefits directly from the agencies' work, as many advertisements succeed in being amusing, clever, witty, charming, striking, and sometimes even beautiful. This was well expressed as long ago as 1896, in a Hamburg Poster Exhibition Catalogue:

> Art should be accessible to everyone... not only to those who can afford to buy works of art or have the time to seek them out in galleries... Art must go on the streets, where chance will bring it to the notice of many thousands on their way to work who have neither the time nor money to spare. High ethical standards are fulfilled by posters created for everyday practical purposes – provided they are good posters.

A perfect description of yet another way in which advertising benefits the men and women in the street. But now we must come to the kernel of the moral question.

Advertising helps the public

This is the trickiest part. Showing how employees and their families (that's nearly everyone), and media-users (that's nearly everyone), and national creativity (that involves nearly everyone) all benefit from advertising is relatively straightforward. But does advertising really help when people are wearing their fourth hat, as consumers? Or does it, as the critics have long contended, merely manipulate them? Part of the problem here is that when it comes to consumers, to talk about 'advertising' is misleading. Consumers do not respond to advertising. They respond to advertisements. And, as has been emphasized throughout this book, advertisements are extremely diverse. So the benefits consumers derive from them are equally diverse.

Let us begin with information: we live, it is often said, in an information society. And economists have long justified advertising as a source of information. Certainly the public obtains a great deal of important and helpful information from advertisements.

Take prices. Nowadays, as we have seen, many of the largest advertisers are retailers, and the great majority of retail advertisements promote low prices. Not only is this information directly helpful for shoppers, it indirectly drives prices down. When one supermarket promotes its low prices for certain goods, other supermarkets swiftly retaliate by cutting their own prices – otherwise they know they will lose customers. Overall, prices fall. For the public, this is a pretty good deal.

At the same time, the quality of many of the goods and services we buy is constantly being improved, however slightly. Consumers benefit by getting information about these improvements from advertisements. And, once again, this forces competitors to retaliate by making quality improvements of their own. It is a continuous process. As with price-based advertising, this stimulates competition, and the public reaps the rewards.

Then there are completely new products. The public gets its information about new products in a multitude of ways, but none is faster or simpler than advertising. And there are endless occasions when consumers are searching for something – a new car, or a kid's birthday present, or an ointment to treat their spots – and advertisements tell them what is on offer. For consumers, this is all helpful information.

But it still begs one big question. How does the public benefit from advertisements that contain little or no information – particularly if these advertisements are for things the public knows about already? Information-lite advertisements include a great swathe of brand advertising, from Heineken to Heinz, from Kellogg's to Kit Kat, from Persil to Perrier. So how do consumers benefit from advertisements that provide them with almost no information at all?

In a couple of ways, at least. First, memories fail – or anyway need jogging. Everyone needs to be reminded about brands they like, but which slip from their minds. Awareness and tracking studies constantly show how quickly people forget about a brand once its advertising stops. Second, marketplaces are not static. Consumers' needs change all the time as they progress through life's stages, and though they may learn of the existence of a brand when young, they may not need to use it until they are older. An information-lite memory-jogging advertisement is often sufficient to do the trick.

Finally, getting back to the graduates at the seminar, there are specific areas of advertising which incontestably help society. Most government campaigns, charity campaigns, and pressure group campaigns bring worthwhile causes to the public's attention. All these areas of advertising have grown in recent years. They are not the basic moral justification for advertising – but they unquestionably make their contribution.

A burgeoning world of choice

Advertising today must be seen in the context of a world of immense variety and choice. In economies where there is no choice, there is no need for advertising. But in modern, affluent societies, the average large supermarket offers shoppers about 40,000 different lines; there are some 2,000 new models of car available; plus an uncountable number of consumer durables, fashions, electronic widgets, entertainments, holidays, financial investments – the list goes on and on. People need to be able to sort out all these choices reasonably swiftly and simply. Advertisements help them select the things they want, and reject those they don't, without spending forever on the task – and without going crazy.

None of this will refute the arguments of those who are against particular advertising sectors. People who want to ban advertising of tobacco, or alcohol, or advertising to children will not be persuaded their views are wrong simply because advertising is generally beneficial. But equally, their specific concerns, whether or not you agree with them, do not affect the broader case for advertising.

So what is the role of advertising in society? It creates employment, now and in the future; it provides the public with numerous free and inexpensive media; it supports media independence; it supplies shoppers with a great deal of helpful information; it pushes prices down and quality up; it keeps the public aware of all the different brands available; it helps them select from the vast range of choices modern economies offer – and it does most of this creatively, and cost-effectively. Perhaps all this should suffice to make the graduates feel that if they do spend their lives working in advertising, well, their lives will indeed have been worthwhile.

Further reading

Important classics

Claude Hopkins, *Scientific Advertising* (MacGibbon and Kee, 1968; first published 1923).
Martin Mayer, *Madison Avenue USA* (Penguin, 1960).
David Ogilvy, *Confessions of an Advertising Man* (Atheneum, 1963).
Vance Packard, *The Hidden Persuaders* (Penguin, 1960).
Rosser Reeves, *Reality in Advertising* (Alfred Knopf, 1961).

General history

John Barnicoat, *Posters: A Concise History* (Thames and Hudson, 1997).
Leonard de Vries and James Laver, *Victorian Advertisements* (John Murray, 1968).
Leonard de Vries and Ilonka Van Amstel, *American Advertisements 1865–1900* (John Murray, 1973).
Winston Fletcher, *Powers of Persuasion: The Inside Story of British Advertising 1951–2000* (Oxford University Press, 2008).
Stephen Fox, *The Mirror Makers: A History of American Advertising and its Creators* (University of Illinois Press, 1997).
Brian Henry (ed.), *British Television Advertising: The First 30 Years* (Century Benham, 1986).
Terry R. Nevett, *Advertising in Britain: A History* (William Heinemann, 1982).
Mark Tungate, *Adland: A Global History of Advertising* (Kogan Page, 2007).
E. S. Turner, *The Shocking History of Advertising* (Michael Joseph, 1951).

Marketing and branding

Tim Ambler, *Marketing and the Bottom Line* (Financial Times/Prentice Hall, 2003).
A. S. C. Ehrenberg, *Repeat Buying* (Charles Griffin, 1988).
Stephen King, *A Master Class in Brand Planning*, ed. Judie Lannon and Merry Baskin (John Wiley, 2007).
Naomi Klein, *No Logo* (HarperCollins, 2000).
Theodore Levitt, *The Marketing Imagination* (Macmillan, 1983).
Marketing Pocket Books (Advertising Association with World Advertising Research Center, annually).
Wally Olins, *Corporate Identity* (Thames and Hudson, 1989).

Agencies and creativity

Jeremy Bullmore, *Behind the Scenes in Advertising* (World Advertising Research Center, 2003).
Design and Art Directors' Awards Annuals, 1964– .
Ivan Fallon, *The Brothers* (Hutchinson, 1988).
Winston Fletcher, *Tantrums and Talent* (Admap Publications, 1999).
Jeremy Myerson and Graham Vickers, *Rewind: Forty Years of Design and Advertising* (Phaidon, 2002).
John Ritchie and John Salmon, *Inside Collett, Dickenson and Pearce* (Batsford, 2000).

Media and Internet

Harry Henry, *The Dynamics of the British Press 1961–1984* (Advertising Association, 1986).
John W. Hobson, *The Selection of Advertising Media* (IPA, 1955).
Interactive Advertising Bureau, http://www.iab.net
Nigel T. Packer, *Internet Marketing: Strategies for Online Success* (New Holland Publishers, 2009).
Godfrey Parkin, *Digital Marketing* (Elliot Right Way Books, 2008).

Advertising effectiveness

Simon Broadbent, *Accountable Advertising* (NTC Publications, 1997).
Charles Channon (ed.), *20 Advertising Case Histories* (Cassell, 1989).

Russell H. Colley, *Defining Advertising Goals for Measured Advertising Results* (Association of American National Advertisers, first published 1961).
Winston Fletcher, *A Glittering Haze* (NTC Publications, 1992).
Giep Franzen, *Advertising Effectiveness: Findings from Empirical Research* (NTC Publications, 1994).
Laurence Green (ed.), *Advertising Works and How* (IPA and World Advertising Research Center, 2005).
World Advertising Research Center, http://www.warc.com, 1999–.

“牛津通识读本”已出书目

古典哲学的趣味
人生的意义
文学理论入门
大众经济学
历史之源
设计，无处不在
生活中的心理学
政治的历史与边界
哲学的思与惑
资本主义
美国总统制
海德格尔
我们时代的伦理学
卡夫卡是谁
考古学的过去与未来
天文学简史
社会学的意识
康德
尼采
亚里士多德的世界
西方艺术新论
全球化面面观
简明逻辑学
法哲学：价值与事实
政治哲学与幸福根基
选择理论
后殖民主义与世界格局
福柯
缤纷的语言学
达达和超现实主义
佛学概论
维特根斯坦与哲学
科学哲学
印度哲学祛魅
克尔凯郭尔
科学革命
广告
数学
叔本华
笛卡尔
基督教神学
犹太人与犹太教
现代日本
罗兰·巴特
马基雅维里
全球经济史
进化
性存在
量子理论
牛顿新传
国际移民
哈贝马斯
医学伦理
黑格尔
地球
记忆
法律
中国文学
托克维尔
休谟
分子
法国大革命
丝绸之路
民族主义
科幻作品
罗素
美国政党与选举
美国最高法院
纪录片
大萧条与罗斯福新政
领导力
无神论
罗马共和国
美国国会
民主
英格兰文学
现代主义
网络
自闭症
德里达
浪漫主义

批判理论
电影
俄罗斯文学
古典文学
大数据
洛克
幸福
免疫系统
银行学

德国文学
戏剧
腐败
医事法
癌症
植物
法语文学
微观经济学
湖泊

儿童心理学
时装
现代拉丁美洲文学
卢梭
隐私
电影音乐
抑郁症
传染病